Sabina Pauen, Viktoria Herber (Hrsg.)

Vom Kleinsein zum Einstein

Projekte der Offensive Bildung

BeobAchtung und ErziehungsPartnerschaft

Erzieherinnen werden darin unterstützt, kindliche Entwicklungsverläufe, Interessen und Stärken systematisch zu beobachten, in einer Lerndokumentation festzuhalten und für die Planung zu nutzen. Für die Weiterentwicklung der Zusammenarbeit mit den Eltern werden Anregungen zur Gesprächsführung und Kommunikation im interkulturellen Kontext gegeben.

Erzählwerkstatt

Das lebendige Erzählen von Geschichten aus verschiedenen Kulturkreisen fasziniert Kinder und hilft ihnen, ihre eigene und fremde Kulturen besser zu verstehen.

Natur Pur

Kinder lernen von und in der Natur und begreifen Ereignisse in naturbezogenen Zusammenhängen. Hierfür werden in den Kindertageseinrichtungen naturnahe Spielbereiche gestaltet und naturpädagogische Elemente in die tägliche Arbeit einbezogen.

Qualität von Anfang an

Auf der Basis des Situationsansatzes wird die Qualität der eigenen Arbeit in verschiedenen Dimensionen überprüft und weiterentwickelt mit erprobten Ansätzen des Qualitätsmanagements in Kindertageseinrichtungen.

Sprache macht stark!

Die Sprachentwicklung von Zwei- bis Vierjährigen unterschiedlicher sozialer und kultureller Herkunft wird in für die Kinder relevanten Alltagssituationen gezielt gefördert. Dazu erhalten die Erzieherinnen und auch die Eltern als wichtigste Kommunikationspartner der Kinder entsprechende Anregung.

Vom Klein-Sein zum Einstein

Kinder werden durch lebensnahe Experimente an das naturwissenschaftliche Denken herangeführt. So können sie ihr Interesse an Chemie, Mathematik und Physik entfalten. Lernwerkstätten in den Kindertageseinrichtungen unterstützen die Lernprozesse.

Von Piccolo bis Picasso

Das künstlerische Gestalten als Lernerfahrung ist für die kindliche Entwicklung entscheidend. Das künstlerische Angebot in den Kindertageseinrichtungen wird erweitert und zudem der Aufbau eines eigenen Kinderateliers angeregt.

Frühe Kindheit | Mathematik, Naturwissenschaft & Technik

Sabina Pauen, Viktoria Herber (Hrsg.)

Vom Kleinsein zum Einstein

OFFENSIVE BILDUNG

Mit Textbeiträgen von:
Pit Brüssel, Anita Bucur, Natalie Fischer, Gerhard Friedrich, Viktoria Herber, Cornelia Kruspel, Janna Pahnke, Sabina Pauen, Cecilia Scorza de Appl, Barbara Schindelhauer, Sonja Stuchtey, Andrea Wittke, Erich Ch. Wittmann

H.pH Heinrich Pesch Haus
Katholische Akademie Rhein-Neckar

Katholisches Dekanat Ludwigshafen

Cornelsen
SCRIPTOR

Ihre Wünsche, Kritiken und Fragen richten Sie bitte an:
Marketing, 14328 Berlin, Cornelsen Service Center,
Servicetelefon 030/89 785 89 29

ISBN 978-3-589-24604-5

1. Auflage 2009

09 10 11 12 12 5 4 3 2 1

Lektorat: lüra – Klemt & Mues GbR, Wuppertal
Herstellung: Renate Hausdorf, München
Layout: Claudia Adam Graphik-Design, Darmstadt
Satz: Mitterweger & Partner, Plankstadt
Druck und Bindung: Firmengruppe APPL, aprinta druck, Wemding
Umschlaggestaltung: Claudia Adam Graphik-Design, Darmstadt
Titelfotografie: Klaus G. Kohn, Braunschweig
Fotos: Abb. 2.5: Das Zahlenbuch, Spiele zur Frühförderung 2, S. 27,
© Klett Verlag, Fotograf: David Ausserhofer
Fotos: Richard Heil, Viktoria Herber, Cornelia Kruspel, Ludwigshafen
Sabina Pauen, Cecilia Scorza, Heidelberg
Barbara Schindelhauer, Waldkirch
Erich Wittmann, Dortmund

Printed in Germany

Weitere Informationen finden Sie im Internet unter
www.cornelsen.de/fruehe-kindheit

Inhalt

Vorwort

Hans-Carsten Hansen, Personalchef BASF

Zukunftsorientierte Unternehmenspolitik heißt für die BASF auch, Verantwortung für die Gesellschaft zu übernehmen. „Mit uns gewinnt die Region!" – dieses Motto steht seit fast vier Jahren für das gesellschaftliche Engagement der BASF in der Metropolregion Rhein-Neckar. Ein Schwerpunkt liegt im Bereich Bildung. Hierbei ist Nachhaltigkeit ein entscheidender Faktor: Was heute in Bildung investiert wird, zahlt sich langfristig aus. Wir wissen, dass Kinder im Alter zwischen drei und sechs Jahren besonders aufnahmefähig sind, hier werden die Grundlagen für die späteren Lernerfolge geschaffen. Daher liegt uns die Förderung der Kleinsten besonders am Herzen.

Im Jahr 2005 haben wir gemeinsam mit dem städtischen Träger, den evangelischen und katholischen Trägerorganisationen die Offensive Bildung gestartet. Die in Deutschland einzigartige Initiative steht seit dem Jahr 2008 unter der Schirmherrschaft der Deutschen UNESCO-Kommission e.V. Heute können wir stolz auf erfolgreiche Projekte der Offensive Bildung und viele schöne Erlebnisse mit Kindern, Eltern, Erziehern/innen blicken, die wir mit Ihnen teilen möchten. In diesem Sinne wünsche ich Ihnen eine interessante und anregende Lektüre.

Mit den besten Grüßen

Hans-Carsten Hansen
Personalchef BASF

Trägerorganisationen für Kindertagesstätten in Ludwigshafen

Seit Beginn des Jahres 2005 gibt es in Ludwigshafen die „Offensive Bildung“, eine Initiative zur frühkindlichen Bildungsförderung in Ludwigshafener Kindertagesstätten, die für eine Laufzeit von fünf Jahren von der BASF SE unterstützt wird. Es ist bisher bundesweit einmalig, dass ein Wirtschaftsunternehmen gemeinsam mit verschiedenen Trägerorganisationen von Kindertageseinrichtungen einer Kommune solche Projekte im Rahmen einer Initiative zur frühen Bildungsförderung ermöglicht und auch trägerübergreifend umgesetzt hat.

Im Rahmen der „Offensive Bildung“ entwickelten die Stadt Ludwigshafen, der Protestantische Kirchenbezirk Ludwigshafen und die katholischen Trägerorganisationen aus der Praxis heraus sieben Projekte, die in ihrer Themenstellung und Schwerpunktsetzung die aktuellen inhaltlichen Ansprüche in den verschiedenen Bildungsplänen und Empfehlungen für Kindertagesstätten aufgreifen und modellhaft für Möglichkeiten der Umsetzung auf hohem qualitativem Niveau stehen. Sie werden trägerübergreifend in allen 90 Ludwigshafener Kindertagesstätten umgesetzt, von Bildungsexperten begleitet und in den pädagogischen Alltag implementiert sowie ab Herbst 2008 in die Region übertragen.

Um die Wirksamkeit dokumentieren zu können, werden die Projekte in Verlauf und im Ergebnis jeweils von einer wissenschaftlichen Projektbegleitung evaluiert. Die Projekte sind auf Nachhaltigkeit ausgelegt und sollen ihre Wirksamkeit auch über den Förderungszeitraum hinaus entfalten. Für die Sicherstellung der qualitativen Umsetzung auch nach Ablauf der Projektphase bestehen diesbezüglich Strukturen wie Netzwerke und Qualitätszirkel sowie die Möglichkeit einer Verankerung in der entsprechenden Konzeption der Kindertagesstätte. Zudem sind die Projekte so konzipiert, dass sie von weiteren Interessenten auf erprobter Basis umgesetzt werden können.

Die Projekte der „Offensive Bildung“ umfassen verschiedene Bereiche frühkindlicher Förderung: Dies sind Naturpädagogik, Naturwissenschaften, Sprache, interkulturelle Begegnung und Erzählkultur sowie Kreativität. Weitere Projekte stärken die pädagogischen Fachkräfte in der Wahrnehmung der Potenziale der Kinder sowie bei der Weiterentwicklung von Qualitätsstandards und pädagogischen Prozessen in den Einrichtungen. Die zentralen Bereiche der inhaltlichen Ausrichtung sind:

- Die Bildungsförderung für alle Kinder einer Stadt durch qualitativ hochwertige Angebote
- Eine entsprechende Weiterqualifizierung der pädagogischen Fachkräfte
- Die fachliche Begleitung des pädagogischen Fachpersonals bei der Umsetzung im pädagogischen Alltag
- Die aktive Einbindung der Erziehungsberechtigten als wesentliche Partner in gelingenden Prozessen der kindlichen Entwicklung.

Mit der „Offensive Bildung“ nehmen wir die gesellschaftlich bedeutsame Herausforderung an, unter dem Aspekt der Zukunftssicherung die Bildungschancen der nachfolgenden Generation zu sichern und qualitativ aufzuwerten.

Für die Trägerorganisationen

Ulrike Gentner,
Heike Sienel

Einleitung

Sabina Pauen, Viktoria Herber

Alle Welt spricht heute davon, dass Kinder früher auf die Schule vorbereitet werden müssen, als dies bislang der Fall war. Das gilt insbesondere für Entwicklungsbereiche, die man auf den ersten Blick nicht unbedingt mit vorschulischer Bildung in Verbindung bringt, wie etwa das mathematische und das naturwissenschaftliche Denken. Beide Themen klingen in den Ohren vieler Erwachsener sehr abstrakt und weit von dem entfernt, was Kinder im Alter zwischen drei und sechs Jahren interessieren könnte. Diese Einschätzung hat nicht selten etwas mit eigenen schlechten Erfahrungen zu tun. Tatsächlich sind die betreffenden Fächer in der Schule nur selten beliebt.

Aber das muss nicht unbedingt so sein. Vielleicht lässt sich bei den Kindern eine positive Einstellung zur Mathematik und zu den Naturwissenschaften schaffen, wenn man sie früh und auf geeignete Weise mit entsprechenden Themen in Berührung bringt. Immerhin ist das Kindergartenalter eine Zeit, in der Kinder ohnehin wissen wollen, wie die Welt funktioniert. Neugierig wenden sie sich Naturphänomenen zu und fragen ihren Eltern Löcher in den Bauch.

Mitunter können die Fragen der Kinder ihre Eltern und Erzieher in Bedrängnis bringen. Diese fühlen sich unter Druck gesetzt, alles wissen und für alles eine Erklärung parat haben zu müssen. Kinder sind aber gar nicht daran interessiert, ein fertiges Weltbild zu übernehmen, sondern sie wollen (und sollen) aktiv ihr eigenes Weltbild konstruieren. Nur Einsichten, die sie sich selbst erarbeiten, helfen ihnen wirklich, die Welt zu verstehen. Sie sind also darauf angewiesen, dass Erwachsene sie bei ihrer Suche nach Antworten unterstützen, aber nicht darauf, dass Erwachsene ihnen die Antworten vorgeben. Diese Erkenntnis mag einerseits befreiend wirken, andererseits wirft sie aber auch eine Fülle von Fragen auf:

- Wie findet man die geeignete Haltung dem Kind und seinen Aktivitäten gegenüber?
- Wie erkennen Erwachsene Situationen, in denen sie gebraucht werden, und wann sollten sie Kinder nicht bei ihren Entdeckungen stören?
- Was brauchen Kinder, um ihren Forscherdrang auszuleben?
- Wie kann eine entsprechende Frühförderung konkret aussehen?

Das vorliegende Buch wird zeigen, dass man keine mathematische oder naturwissenschaftliche Ausbildung und kein aufwändiges Wissenschaftslabor benötigt, um Kinder angemessen zu unterstützen. Viel wichtiger ist es, selbst Spaß am Ausprobieren und Offenheit für die Fragen der Kinder zu entwickeln. Mit dieser Grundeinstellung kann eine angemessene Frühförderung stattfinden.

Warum ist mathematisch-naturwissenschaftliche Frühförderung wichtig?

Den Lerninteressen und -möglichkeiten der Kinder gerecht werden

Kinder zwischen drei und sechs Jahren sind hoch motiviert, Naturphänomene zu untersuchen. Wenn dafür Möglichkeiten geschaffen werden, stärkt dies die Lust der Kinder auf das Leben und ihre Selbstwirksamkeit. Die Einführung in die Welt der Mathematik schult darüber hinaus das Abstraktionsvermögen der Kinder und erweitert ihre Denkmöglichkeiten um einen wichtigen Bereich.

Früh erworbene mathematische Kompetenzen haben starke Vorhersagekraft für den späteren Schulerfolg. Das liegt unter anderem daran, dass abstrahierendes Denken für alle Bereiche intelligenten Problemlösens wichtig ist. Es kann im Umgang mit Zahlen und Experimenten spielerisch geübt werden und stellt eine Schlüsselkompetenz für die gedankliche Auseinandersetzung mit der Umwelt dar. Wenn Kinder in diesen Bereichen früh gefördert werden, erhöht dies die Wahrscheinlichkeit, dass sie ihre geistigen Potenziale später voll ausschöpfen können. Es ist ein zentrales Anliegen der angewandten Entwicklungspsychologie und der Pädagogik, das Potenzial von Menschen zur Entfaltung zu bringen.

Soziale Gerechtigkeit fördern

Fehlt eine flächendeckende Frühförderung in den Bereichen Mathematik und Naturwissenschaften, so werden Kinder aus bildungsnahen Familien im Alter zwischen drei und sechs Jahren einen deutlicheren Lernzuwachs zeigen als Kinder aus bildungsfernen Familien, weil ihr Umfeld sie ohnehin in der geistigen Entwicklung stärkt. So kann man schon vor Schuleintritt schichtabhängige Unterschiede in den mathematischen Kompetenzen von Kindern beobachten, die sich anschließend noch vergrößern. Eine Chance, diesen Schereneffekt zu verhindern, besteht dann, wenn man *allen* Kindern schon vor Schuleintritt entsprechende Lerngelegenheiten bietet. Frühförderung in den genannten Bereichen ist daher ein wichtiges politisches Ziel.

Interesse für Mathematik und Naturwissenschaft wecken

Wie bereits festgestellt, gehören Mathematik und Naturwissenschaften in der Schule nicht unbedingt zu den beliebtesten Fächern. Eine Wissensgesellschaft wie die unsere ist aber darauf angewiesen, dass sich ihre Mitglieder auch für solche Themen interessieren, denn andernfalls entsteht ein Mangel an Fachkräften und Forschern. In der Folge fehlen wichtige Impulse für Wirtschaft und Wissenschaft. Wenn es jedoch gelingt, Kinder in jungen Jahren für das Experimentieren und den Umgang mit Zahlen zu begeistern, sind sie später sehr viel eher motiviert, sich mit entsprechenden Themen zu beschäftigen. Der heute oft zu beobachtenden Abneigung gegen Mathematik, Chemie, Biologie oder Physik kann auf diese Weise effektiv entgegengewirkt werden.

Frühförderung im mathematisch-naturwissenschaftlichen Bereich ist daher sowohl aus der Perspektive der Wissenschaft als auch aus politischen und wirtschaftlichen Gründen höchst sinnvoll. Aber kann sie auch Spaß machen? Gelingt es Erzieherinnen, diesen Spaß zu vermitteln, wenn sie persönlich womöglich negative Erfahrungen mit dem Themenfeld verbinden? Gibt es Förderkonzepte, die sich unkompliziert in den Alltag einbetten lassen und die Kindertageseinrichtung nicht noch zusätzlich belasten? Erzieherinnen und Eltern brauchen konkrete Hinweise, wie eine solche Förderung aussehen kann.

Die Anliegen dieses Buches

Bei der Konzeption des Buches wurde von der folgenden Leitfrage ausgegangen: „Was benötigen Erwachsene, um für Kinder gute Begleiter im Lernprozess zu sein?“

- Erwachsene benötigen eine konkrete Vorstellung davon, welche Themen Kinder im Alter zwischen drei und sechs Jahren spontan beschäftigen oder für welche Themen man ihre Neugier wecken kann.
- Sie benötigen Kenntnisse darüber, welches Wissen und welche Denkfähigkeiten in einem gegebenen Alter vorausgesetzt werden können.
- Sie brauchen eine Antwort auf die Frage, welche Haltung auf Seiten der Erwachsenen für Kinder besonders hilfreich ist.
- Sie brauchen Hinweise, welche Materialien und Informationsquellen sie nutzen können, um Kinder in ihren Lernprozessen zu begleiten.
- Sie benötigen Ideen und konkrete Anregungen für die Gestaltung von Lernangeboten.
- Sie benötigen Tipps, was es bei der praktischen Umsetzung von Förderkonzepten zu beachten gilt.
- Sie brauchen das nötige Wissen, um einschätzen zu können, ob die Fördermaßnahmen effektiv sind und die Kinder in ihrem mathematisch-naturwissenschaftlichen Denken weiterbringen.

Dieses Buch bietet umfassende theoretische und praktische Informationen für alle, die Kindern Lust auf Mathematik und Naturwissenschaften machen möchten. Basis für die Zusammenstellung der einzelnen Beiträge war die Arbeit im Rahmen des Projektes *Vom Klein-Sein zum Einstein.*

Das Projekt Vom Klein-Sein zum Einstein

In diesem Projekt arbeiteten Universitätsprofessoren, Psychologinnen, Pädagogen, Erzieherinnen, Träger von Kindertageseinrichtungen, Vertreter der Wirtschaft und erfahrene Fortbilder über einen Zeitraum von vier Jahren zusammen, um für die mathematisch-naturwissenschaftliche Frühförderung ein Konzept zu entwerfen, umzusetzen und kontinuierlich zu optimieren, das sich sowohl an Kinder als auch an Fachkräfte in Kindertageseinrichtungen und Eltern richtet.

Die Entwicklung des mathematischen und naturwissenschaftlichen Denkens ist ein Prozess, der viel Zeit in Anspruch nimmt. Dies gilt nicht nur für die Kinder, sondern auch für die sie betreuenden Fachkräfte. Die Erzieherinnen durchliefen Veränderungen, bauten ihre Berührungsängste ab, wurden wieder selbst zu Entdeckerinnen und entwickelten dabei ihre eigenen Frühförderkompetenzen kontinuierlich weiter.

Bedeutsam war auch die enge Zusammenarbeit mit den Eltern. Soweit sie ebenfalls Informationen und Unterstützung erhielten, haben auch sie sich an der Förderung der mathematisch-naturwissenschaftlichen Bildung der Kinder beteiligt und auf diese Weise mit für die Nachhaltigkeit der Projektarbeit gesorgt.

Jede Kindertageseinrichtung, die am Projekt *Vom Klein-Sein zum Einstein* teilnahm, wurde über zwei Jahre betreut. Im ersten Jahr standen die mathematische Frühförderung und das naturwissenschaftliche Experimentieren im Vordergrund. Im zweiten Jahr ging es um die integrativen Themen der Astronomie und der Physik. Die Erzieherinnen wurden verstärkt ermutigt, selbstständig Lernumgebungen für die Kinder zu entwickeln und mit allen Bereichen des Alltags in der Kindertageseinrichtung zu verknüpfen.

Die Bausteine der Projektarbeit

Das Projekt *Vom Klein-Sein zum Einstein* umfasste ein ganzes Bündel verschiedener Maßnahmen, die im Laufe von vier aufeinander abgestimmten halbjährlichen Runden umgesetzt wurden. Die Darstellung des Projektablaufes einer Runde gibt wichtige Hinweise auf allgemeine Aspekte, die für ein umfassendes Frühförderkonzept von Bedeutung sind.

Die Vorbereitungsphase

Fachtag

Die Qualifizierung beginnt mit einem Fachtag für das gesamte Team, für Träger und Eltern der Einrichtung, an dem die Ziele der Projektarbeit dargestellt werden. Fachkräfte lernen verschiedene Fortbildungskonzepte aus dem Zielbereich kennen. Auf der Basis dieser Informationen entscheiden sie sich dafür, welche Fortbildung sie für ihre Einrichtung bevorzugen. Sie dürfen zwischen jeweils zwei Konzepten im Bereich der Mathematik und Naturwissenschaften wählen.

Teamfortbildung

Im nächsten Schritt besuchen die vollständigen Teams einer Einrichtung gemeinsam eine zweitägige Fortbildung ihrer Wahl. An dieser Fortbildung nehmen auch Mitarbeiter des Teams der wissenschaftlichen Begleitung teil und ermitteln mit Hilfe von Fragebögen die Wirkung der Fortbildung und auf die Fachkräfte sowie deren Einstellung und Selbsteinschätzung zu den Inhalten der Frühförderung.

Gremiumsbildung

Die Leitung der Kindertageseinrichtung wird in ein Gremium der Projektleitung eingebunden, das sich regelmäßig trifft und verschiedene Aspekte der Umsetzung bespricht: Zur Diskussion stehen organisatorische Fragen der Implementierung, der Finanzen und der Partnerschaft mit den Eltern. Weiterhin besprochen werden Themen, die sich auf die Vernetzung der verschiedenen Bildungsbereiche und die Einbeziehung des Trägers sowie die Kooperationen mit Schulen und Horteinrichtungen vor Ort beziehen. In späteren Projektphasen steht außerdem die gemeinsame Entwicklung eines Nachhaltigkeitskonzeptes auf der Agenda.

Bei der Steuerung und Koordination dieser unterschiedlichen Aufgaben innerhalb des Gremiums übernimmt die Projektleitung eine wichtige Funktion als konkreter Ansprechpartner der Kindertageseinrichtungen und als Mittler zwischen verschiedenen Interessengruppen.

Die Umsetzungsphase

Wissenschaftliche Begleitung

Bevor die Umsetzungsphase der Fortbildungsinhalte beginnt, ermitteln studentische Hilfskräfte der wissenschaftlichen Begleitung bei einer Auswahl von Kindern, welche Vorkenntnisse im Bereich der Naturwissenschaften/Mathematik bereits vorhanden sind. Sie führen dazu standardisierte Einzelbeobachtungen durch. Diese Beobachtung wird nach Abschluss der Umsetzungsphase wiederholt, um feststellen zu können, welche Effekte die Projektarbeit auf die Kinder hatte. Parallel werden die gleichen Daten bei einer Kontrollgruppe ohne entsprechende Förderung erhoben.

Dokumentation der Aktivitäten in der Kindertageseinrichtung

Die Umsetzung erstreckt sich über ca. fünf Monate. In diesem Zeitraum wird das Team kontinuierlich von der pädagogisch-psychologischen und der wissenschaftlichen Begleitung betreut. Die Fachkräfte der Einrichtung führen eine Dokumentation ihrer Arbeit mit den Kindern durch. Diese Dokumentation ist nicht nur für die Reflexion ihres eigenen Tuns wichtig, sondern auch für die Vorbereitung von Elterngesprächen und Elternabenden.

Elternarbeit

Eltern-Kind-Forscher-Tage werden mit Unterstützung der Projektorganisation durchgeführt, um die Eltern in die Frühförderung einzubeziehen. Die Eltern erhalten im Rahmen von Abendveranstaltungen Informationen über die entwicklungspsychologischen Grundlagen der Frühförderung. Über Elternbriefe und -gespräche bekommen sie zusätzliche Tipps, wie sie ihr eigenes Kind bei seinen Forscheraktivitäten zu Hause unterstützen können. Am Ende einer Umsetzungsphase führt die wissenschaftliche Begleitung Elterninterviews durch, um zu erfahren, wie viel die Eltern von den Aktivitäten der Kindertageseinrichtung und ihrer Kinder erlebt haben.

Exkursionen

Exkursionen der Kinder-Gruppen in naturwissenschaftliche und mathematische Museen und thematische Führungen ermöglichen es Kindern der Einrichtung, das Gelernte im neuen Kontext anzuwenden und auszuprobieren. Sie machen deutlich, dass mathematische und naturwissenschaftliche Themen auch außerhalb der Kindertageseinrichtung für die Gesellschaft bedeutsam sind.

Schaffung von Lernorten

Die pädagogisch-psychologische Begleitung entwickelt gemeinsam mit den Erzieherinnen Konzepte für die Einrichtung von Lernorten innerhalb der Kindertageseinrichtung, an denen Materialien für die mathematisch-naturwissenschaftliche Bildung auch über die Laufzeit der Umsetzung hinaus zugänglich bleiben, um die Nachhaltigkeit der Qualifizierungsarbeit zu sichern.

Supervision

Projektleitung und pädagogische Begleitung unterstützen Leitungs- und Fachkräfte durch Coaching und Beratung zu projektrelevanten Themen. Sie stehen dem Team der Einrichtung in schwierigen Situationen zur Seite.

Zur Unterstützung der konzeptionellen Arbeit nehmen Fachkräfte quartalsweise an fachbezogenen Supervisionen mit den Fortbildern teil. Hier können sie mit den Fortbildungsleitern ihre eigenen Umsetzungsversuche diskutieren. Durch ein großes Repertoire an Praxisbeispielen ist ein fruchtbarer kollegialer Austausch innerhalb des Teams möglich. Erzieherinnen spielen bestimmte Situationen nach, bekommen Impulse von den Referenten und gewinnen an Sicherheit bei der Umsetzung der Fortbildungsinhalte. Die Kombination der neu erworbenen und erprobten Methoden sowie inzwischen gewonnene Sicherheit im Umgang mit den Fortbildungsinhalten ermöglicht Erzieherinnen die Vernetzung der mathematischen und naturwissenschaftlichen Bereiche im zweiten Projektjahr. Erzieherinnen gestalten Lernumgebungen, greifen situationsorientiert Fragen der Kinder auf und verknüpfen naturwissenschaftliche Phänomene mit Zahlen, Formen, Mustern und Maßen. Dieser Schritt erfordert eine hohe Kunst und bedarf der kontinuierlichen Supervision auch im zweiten Projektjahr.

Parallel dazu nehmen die vollständigen Teams auch an einer psychologischen Teamsupervision teil. Hier werden ihre eigenen Kompetenzen und ihr Verhalten mit Hilfe von Videoanalysen der Experimentiersequenzen reflektiert. Diese Form der Reflexion ist besonders hilfreich, um die eigene Haltung in der Arbeit mit den Kindern zu optimieren.

Die Auswertungsphase

Am Ende des Projektes erarbeiten Kindertageseinrichtungen konkrete Schritte, die die Nachhaltigkeit der eigenen Arbeit und die konzeptionelle Verankerung der mathematisch-naturwissenschaftlichen Frühförderung im Alltag über die Projektlaufzeit hinaus garantieren sollen. Projektleitung und pädagogische Begleitung besuchen die einzelnen Kindertageseinrichtungen, um Erfahrungen zu bündeln und die Projektlaufzeit zu reflektieren.

Die wissenschaftliche Begleitung führt nochmals Einzelbeobachtungen mit den Kindern durch, um Veränderungen im Wissen/Denken zu erfassen. Zudem wird ermittelt, wie sich die Einschätzungen der Erzieherinnen verändert haben und was die Eltern von der Projektarbeit mitbekommen haben.

Diese Erkenntnisse werden bei einem Abschlusstreffen vorgestellt, das außerdem der Vergabe von Zertifikaten dient. Sie machen das besondere Bemühen um mathematisch-naturwissenschaftliche Frühförderung nach außen sichtbar.

Die organisatorische Struktur des Projektes

Das Projekt *Vom Klein-Sein zum Einstein* wurde als eins der sieben Projekte der Offensive Bildung 2005 mit finanzieller Unterstützung der BASF SE ins Leben gerufen. Die Trägerschaft und organisatorische Leitung übernahmen das katholische Bildungszentrum Heinrich Pesch Haus und die katholische Gesamtkirchengemeinde in Ludwigshafen. Organisatorisch bestand das Projekt aus drei Teilprojekten.

Das *Teilprojekt Mathematik und Naturwissenschaften* bot Qualifizierungsmaßnahmen für Fachkräfte, eine pädagogisch-psychologische Begleitung bei der Umsetzung, Prozessbegleitung auf Leitungs- und Fachebene und die Konzeption von Lernorten in den Kindertageseinrichtungen.

Das *Teilprojekt Physik und Astronomie* baute auf dem Teilprojekt Mathematik und Naturwissenschaften auf. Es ging um die Integration der mathematischen und naturwissenschaftlichen Themen, um die Entwicklung von eigenen Lernumgebungen und um die Vertiefung der naturwissenschaftlichen Frühförderkompetenzen bei den Fachkräften der Einrichtung durch Supervision.

Das *Teilprojekt Wissenschaftliche Begleitung* übernahm die Evaluation sämtlicher Teilprojekte und bewertete die Effekte der gemeinsamen Arbeit bei Kindern, den Fachkräften und Eltern. Es betreute außerdem das *Teilprojekt Physik und Astronomie* im Hinblick auf psychologische Aspekte und die Umsetzung der Supervision.

Die Projektleitung koordinierte die Aktivitäten der einzelnen Teilprojekte, organisiert gemeinsame Treffen und zusätzliche Veranstaltungen. Außerdem sicherte sie die Zusammenarbeit zwischen Vertretern der Wirtschaft, der Wissenschaft, der Praxis und weiterführender Gremien.

Trägerinteressenvertreter der jeweiligen Trägerorganisation sowie Projektträger, Projektleitung und Teilprojektleitungen bildeten einen Lenkungskreis, der vierteljährlich zusammenkam und wichtige Entscheidungen zum Projektverlauf traf.

Das auf vier Jahre Laufzeit angelegte Projekt *Vom Klein-Sein zum Einstein* ermöglichte die Beteiligung von maximal 12 Kindertageseinrichtungen pro Jahr. Am Projekt nahmen insgesamt 43 Kindertageseinrichtungen teil, davon 16 katholische Einrichtungen, 13 evangelische und 14 städtische Einrichtungen aus Ludwigshafen.

I Mathematisches Denken – theoretischer Hintergrund

1 Entwicklung des mathematischen Denkens

Janna Pahnke, Sabina Pauen

Kinder begegnen im Alltag ständig Mengen und Zahlen, auch wenn ihnen dies zunächst noch nicht bewusst ist. Sie sehen unterschiedlich viele Kerzen auf der Geburtstagstorte, legen einige Joghurtbecher und viele Bananen in den Einkaufswagen, schütten zwei Tassen Mehl in der Kuchenteig, decken den Tisch für vier Personen, suchen das dritte Haus in der Straße oder spielen ein Spiel mit zwei gleich großen Gruppen von Kindern.

In Alltagssituationen üben Kinder den selbstverständlichen Umgang mit Zahlen und Mengen.

Mit zunehmender Erfahrung vergrößert sich ihr Wissen darüber, was mehr und was weniger ist, wie man die genaue Anzahl von Dingen durch Zählen bestimmen kann, welche Wörter und Ziffernsymbole für welche Zahlen stehen, und wie sich eine Menge verändert, wenn man etwas dazutut oder wegnimmt. Kinder erleben die Welt der Mathematik tagtäglich ganz konkret in vielen verschiedenen Bezügen. Ihre Entwicklungsaufgabe besteht darin, sich diese Erfahrungen bewusst zu machen.

Wenn Erwachsene an Mathematik denken, fallen ihnen Zahlen, Ziffern und Formeln ein. Sie bilden die „Sprache" der Mathematik, wobei die Zahlwörter und Symbole wie Vokabeln interpretiert werden können und die Formeln nach bestimmten grammatischen Regeln aufgebaut sind. Diese Sprache wurde entwickelt, um losgelöst vom Inhalt über Mengen und Ordnungssysteme der Welt kommunizieren zu können. Deshalb erscheint vielen Menschen die Sprache der Mathematik abstrakt und schwer zugänglich. Umso wichtiger ist es, das mathematische Denken von Anfang an mit konkreten Erfahrungen zu verknüpfen.

Den Umgang mit Zahlen und das einfache Rechnen als eine wichtige Kulturtechnik erwerben Kinder normalerweise bis zum Schuleintritt. Sie bringen dafür Fähigkeiten mit, die man schon im Säuglingsalter feststellen kann. Auf diesem Fundament aufbauend ist aber noch eine ganze Reihe von Entwicklungen notwendig, bevor Kinder sicher zählen und mit Mengen umgehen können. Diesen Weg zeichnet das vorliegende Kapitel nach. Außerdem wird exemplarisch deutlich gemacht, wie Kinder auf ihrem Weg in die Welt der Mathematik sinnvoll begleitet und unterstützt werden können.

1.1 Das Denken in Zahlen und Mengen

In Zahlen und Mengen denken zu lernen, ist eine zentrale Entwicklungsaufgabe des Vorschulalters. Wer kleinen Kindern helfen möchte, das Zählen zu lernen, muss zunächst verstehen, welche Herausforderungen in dieser scheinbar simplen Tätigkeit stecken, woran man erkennen kann, ob ein Kind eine bestimmte Teilkompetenz schon beherrscht, und wenn nicht – wie man sie fördern kann.

Mengenbegriffe interpretieren

Um den Nutzen von Zahlen überhaupt verstehen zu können, brauchen Kinder zunächst ein Grundverständnis von Mengen und ihrer Beziehung zueinander. Zahlen beschreiben Mengen (Quantitäten) und erlauben Mengenvergleiche. Kinder müssen lernen zu erkennen, wann sich zwei Mengen unterscheiden, und zu beurteilen, welche Menge größer und welche kleiner ist. Weiterhin müssen sie verstehen, unter welchen Umständen eine gegebene Menge kleiner wird (wenn man etwas wegnimmt) oder sich vergrößert (wenn etwas dazu kommt). Um über diese Dinge mit anderen sprechen zu können, muss das Kind außerdem wissen, welche Wörter für die Beschreibung von Mengen verwendet werden:

- Zahlworte wie *eins, zwei, drei*
- Mengenworte wie *viele, wenige, ein paar*
- Vergleichsworte wie *mehr, weniger*
- Operationsworte wie *dazutun, wegnehmen* und später *plus, minus.*

Erwachsene können Kindern helfen, über Mengen zu sprechen, indem sie Mengenbegriffe bewusst in ihrer Alltagssprache verwenden und genau darauf achten, welches Kind welche Begriffe noch nicht versteht. Dazu gibt es jeden Tag zahlreiche Gelegenheiten.

Wann immer etwas gezählt, Mengen bestimmt oder verglichen werden, ergeben sich Lerngelegenheiten, Kindern Mengenbegriffe nahezubringen.

Das Abstraktionsprinzip des Zählens verstehen

Zu der Zeit, in der das mathematische Begriffsverständnis allmählich entsteht, sind Kinder allgemein noch sehr mit dem Aufbau ihres Wortschatzes beschäftigt. Sie glauben, jedes Wort, das sie hören, bezeichne eine ganz bestimmte Art von Objekt. So bezeichnet das Wort *Hund* nur Objekte, die aussehen und sich verhalten wie Hunde.

Beim Zählen ist es jedoch anders: Das Zahlwort ist flexibel – es kann sich auf jede beliebige Art von Objekt beziehen und bezeichnet immer eine bestimmte Menge von Dingen.

Indem Erwachsene im Alltag laut und deutlich Dinge unterschiedlicher Art abzählen, zeigen sie den Kindern, dass Zahlworte besondere Worte sind.

Das Abstraktionsprinzip des Zählens bedeutet, dass alle einzelnen Dinge zählbar sind, unabhängig davon, worum es sich konkret handelt (Hunde, Schritte, Töne oder Ideen). Man kann *fünf* genauso zu Äpfeln wie zu Birnen sagen. Erst wenn Kindern klar wird, dass Zahlenwörter keine Namen für Dinge sind, wird es ihnen gelingen, sich vom konkreten Inhalt zu lösen und nur die Anzahl zu beschreiben.

Es ist gut vorstellbar, dass es für kleine Kinder, die gerade damit beschäftigt sind herausfinden, die Namen von Dingen zu lernen, recht schwer ist zu verstehen, dass es mit Zahlworten etwas Besonderes auf sich hat.

Die Zahlenreihe lernen und das Ordinalitätsprinzip begreifen

Wenn das Kind gelernt hat, dass Erwachsene die Zahlworte immer in derselben Abfolge nennen, entdeckt es, dass die Reihenfolge von Bedeutung ist. Es lernt die *Zahlenreihe.* Manche Kinder können die Zahlenreihe sehr früh auswendig hersagen. Das heißt aber nicht, dass sie verstehen, was zählen wirklich bedeutet. Trotzdem handelt es sich um eine wichtige Voraussetzung für das Zählenlernen. Nur wenn ein Kind die Zahlenfolge stabil beherrscht, kann es auch eine gegebene Menge von Objekten korrekt abzählen.

Lieder und Reime, in denen die Zahlenfolge vorkommt, unterstützen Kinder in ihrem Bemühen, die Zahlenreihe zunächst mündlich aufsagen zu können.

Beobachtet das Kind Erwachsene häufig dabei, wie sie Mengen laut abzählen, so wird ihm bald auffallen, dass beim Vorwärtszählen immer etwas dazu kommt. Vier Gummibärchen sind immer mehr als drei und drei sind immer mehr als zwei. Kinder begreifen die feste Rangordnung von Zahlen, das so genannte *Ordinalitätsprinzip*: Zahlen, die später in der Zahlenabfolge genannt werden, entsprechen einer größeren Anzahl einzelner Elemente als Zahlen, die früh genannt werden. Nach und nach lernen die Kinder, sich die Abfolge der Zahlen auch gedanklich in einer Reihe vorzustellen, so dass sich die Vorstellung eines Zahlenstrangs bildet. Die bildliche Vorstellung vom Zahlenstrang ist für den sicheren Umgang mit Mengen sehr bedeutsam. Kinder finden den Zahlenstrang, sobald sie ihn kennen, auf allen möglichen Messinstrumenten wieder, z.B. auf dem Lineal, dem Metermaß oder dem Thermometer.

Die Eins-zu-Eins-Zuordnung vornehmen

Zum Zählenlernen gehört auch ein strategisches Wissen über das Zählen: Während das Kind bei der Nennung der Zahlworte keinen Fehler in der Reihenfolge machen darf, ist es auf der anderen Seite gleichgültig, in welcher Richtung es die Objekte be-zählt. Es kann im Prinzip von jeder Seite aus anfangen. Von zentraler Bedeutung ist dagegen, dass das Kind beim Zählen jedes Element immer nur genau einmal zählen darf. Keines darf ausgelassen werden und keines darf übersprungen werden. Dieses Prinzip des Zählens heißt *Eins-zu-Eins-Zuordnung.*

Erwachsene unterstützen die Eins-zu-Eins Zuordnung, indem sie Objekte vor dem Abzählen in eine Reihe legen, und gezählte Objekte zur Seite schieben.

Um eine Eins-zu-Eins-Zuordnung zwischen Objekt und Zahlwort vornehmen zu können, muss das Kind Strategien entwickeln, die es ihm erlauben, keine Fehler zu machen. Dazu gehört beispielsweise die Reihung oder Sortierung oder die Nutzung von Fingern als Hilfsmittel.

Das so genannte Kardinalitätsprinzip begreifen

Die Zahl, die das letzte zu zählende Objekt einer Menge bezeichnet, entspricht der Gesamtanzahl der gezählten Dinge. Dieses Prinzip heißt *Kardinalitätsprinzip.* Erst wenn Kinder dieses Prinzip verstanden haben, können sie die Anzahl einer Menge korrekt bestimmen und Fragen wie „Wie viele sind das?“ richtig beantworten. Allerdings müssen die Kinder für das sichere Abzählen auch die Zahlenreihe schon kennen und die Eins-zu-Eins-Zuordnung ohne Fehler vornehmen.

Die Anwendung des Kardinalsprinzips üben Kinder, wenn sie oft nach der Anzahl einer gegebenen Menge gefragt werden und schon zählen können.

Anfangs werden alle Objekte immer laut abgezählt. Später zählt das Kind leise, und es benennt am Ende nur noch die letzte Zahl, weil es schon weiß, dass sich die Frage auf dieses letzte Zahlwort bezieht. Wie viel Übung ein Kind bereits mit dem Zählen hat, kann man gut daran erkennen, ob es noch laut abzählt oder ob es direkt das Ergebnis eines Zählprozesses sagt.

Ziffern und mathematische Symbole verstehen

Alle bislang genannten Teilfähigkeiten beziehen sich ausschließlich auf das mündliche Zählen. Aber jedes Zahlenwort wird auch schriftlich dargestellt. Erst wenn *Ziffern* und *mathematische Symbole* (u.a. Würfelbilder) verstanden werden, kann das Kind im Alltag erkennen, für welchen Zweck Menschen Zahlen normalerweise gebrauchen, z.B. als Hausnummern oder auf Skalen von Messinstrumenten. Schließlich geht es darum, zu verstehen, welches Zahlwort und welche Ziffer welche Menge bezeichnen, es muss also der Wechsel von konkreter Mengenvorstellung auf die symbolische Ebene geschafft werden.

Indem man Kinder auf Ziffern aufmerksam macht und diese benennt, fördert mandie Entwicklung des mathematischen Symbolverständnisses.

Die sichere Mengen-Symbol-Zuordnung – z.B. drei Dinge mit der Ziffer 3 und dem Wort *drei* – ist eine der größten mathematischen Herausforderungen im Kindergartenalter. Sie gut zu meistern ist auch für das schulische Mathematikverständnis von zentraler Bedeutung. Dabei liegt auf der Hand, dass es Kindern schneller und leichter gelingen wird, Symbole Mengen zuzuordnen, wenn sie beides häufig zusammen sehen und das passende Zahlenwort dazu hören.

Mengen zerlegen und einfache Rechenoperationen durchführen

Mengen lassen sich nicht nur durch Zählen bestimmen, sondern sie werden bis zu einem gewissen Grad auch ganzheitlich wahrgenommen. Wie nachfolgend noch deutlich wird, gilt das vor allem für kleinere Anzahlen. Wenn das Kind erkennt, dass sich zum Beispiel die Würfelzahl *sechs* aus zwei Reihen mit jeweils drei Punkten zusammensetzt, beginnt es zu verstehen, dass Mengen sich in Teilmengen zerlegen lassen. An dieser Stelle sei dazu angemerkt, dass diese überschaubaren Teile jenen Mengengrößen (bis 5) entsprechen, die auch über den *intuitiven Mengensinn* von Kindern auf einen Blick erfasst werden können. Im Prinzip geht es also darum, größere Mengeneinheiten in kleinere Mengen zu zerlegen, die auf einen Blick erfassbar sind.

Je besser die strukturierte Anzahlzerlegung gelingt, desto früher wird das Kind einen Einstieg in einfache Rechenoperationen finden. Es lernt zu verstehen, dass zwei und zwei immer vier sind, gleichgültig, ob es um Äpfel, Birnen oder etwas anderes geht. Erfahren wird es dies zunächst beim Zählen realer Objekte. Im nächsten Schritt benutzt es Stellvertreter für reale Objekte, z.B. seine Finger. Dann lernt es, sich die Objekte im Kopf vorzustellen und sie in Gedanken abzuzählen. Am Ende kann es begreifen, dass Rechenvorgänge nicht auf konkrete Objekte angewiesen sind, sondern auch abstrakt mit Zahlen, die für Mengen von Objekten stehen, durchgeführt werden können. Erst dann gelingt es ihm, auf eine einfache Frage wie „Was ist zwei plus drei?" die korrekte Antwort zu geben, ohne den Umweg über die Vorstellung von Objekten und das Abzählen im Kopf zu machen. Wie bei allen zuvor genannten Aspekten, gilt auch hier: Häufiges Benennen von Mengen im Alltag fördert die Kompetenz von Kindern, sich Zahlen und Mengen geistig vorzustellen.

Mit Kindern zu besprechen, wie man zählbare Mengen zerlegen und zusammensetzen kann, bereitet das Grundrechnen vor.

Wichtig ist es, sich immer wieder vor Augen zu führen, dass für jeden Teilaspekt der numerischen Bewusstheit die Übung ein entscheidender Faktor ist. Je häufiger das Kind Gelegenheit hat, über Zahlen, Ziffern, Anzahlen und Mengen mit anderen zu kommunizieren, und dabei Spaß empfindet, desto leichter wird es ihm gelingen, sich die Welt der Mathematik zu erschließen.

Fast alle der genannten Teilkompetenzen entwickeln sich in der frühen Kindheit – bedeutsame Schritte finden zwischen drei und sechs Jahren statt. Es ist wichtig, sich immer wieder klarzumachen, wie komplex die Aufgabe ist, die Kinder zu meistern haben, und wie sie im Normalfall ihren Weg in die Welt der Mathematik finden.

1.2 Mathematische Kompetenzen im Entwicklungsverlauf

Das Säuglingsalter: 0 bis 1 Jahre

Die frühesten Wurzeln des kindlichen mathematischen Denkens finden sich bereits im Säuglingsalter. Dabei ist nicht zu erwarten, dass Babys bereits die Zahlwörter und -symbole kennen oder eine Eins-zu-Eins-Zuordnung vornehmen. Trotzdem gibt es eine ganze Reihe von Studien, deren Ergebnisse belegen, wie früh Mengengrößen unterschieden werden.

Gewöhnt man vier Monate alte Säuglinge zum Beispiel an eine Abbildung mit acht Punkten, dann reagieren sie erstaunt, d.h. mit längerer Blickzeit, wenn sie anschließend eine Abbildung mit 16 Punkten sehen und umgekehrt. Der Mengenunterschied fällt ihnen also auf. Sie achten noch nicht auf die konkrete Anzahl von Elementen, sondern auf andere Merkmale wie die Fläche oder den Außenumfang der Mengeneinheiten. Säuglinge zählen also noch keine einzelnen Einheiten, sondern nehmen eher die Gesamtausdehnung von Gegenständen wahr, z.B. wie viel Fläche die Punkte einnehmen. Diese Leistung stellt eine frühe und wichtige Voraussetzung für das Verständnis der Begriffe *mehr* und *weniger* dar, welches wiederum die Grundlage für das spätere rechnerische Verständnis bildet.

Schon Babys erkennen Mengenunterschiede, wenn sie groß genug sind.

Junge Säuglinge können Mengenunterschiede aber nur dann erkennen, wenn diese ausreichend groß sind, wie etwa bei einem Verhältnis von 1:2. Man spricht in dem Zusammenhang auch von einem angeborenen *intuitiven Mengensinn*. Babys und manche Säugetiere nehmen Mengen mit mehr Elementen jeweils größer wahr als Mengen mit weniger Elementen, sofern der Unterschied zwischen beiden Mengen deutlich genug ist. Hierbei handelt es sich nur um grobe Mengenschätzungen und nicht um den Vergleich der genauen Anzahl von Einheiten.

Können Babys mehr und weniger erkennen?

Wenn ein Kind feststellt, dass zwei Mengen nicht gleich sind, sagt das noch nichts darüber aus, welche Menge größer und welche kleiner ist. Dafür muss das Kind die zu vergleichenden Mengen erst in eine Größenordnung bringen. Schon Ende des ersten Lebensjahres sind Babys in der Lage, die Reihenfolge von Mengen bzw. Flächen wahrzunehmen, die kontinuierlich größer oder kleiner werden.

Die Verarbeitung sehr kleiner Mengen (bis drei oder vier) scheint dabei generell anderen Regeln zu folgen als die Vorstellung größerer Mengen. Zum Beispiel entscheiden sich Babys und auch Rhesusaffen eindeutig für die größere Anzahl, wenn sie die Wahl zwischen einem und zwei oder zwischen zwei und drei Keksen haben, zeigen aber keine klare Bevorzugung, wenn sie zwischen fünf und sechs Keksen wählen dürfen. Es scheint also so etwas wie eine „magische Zahlengrenze" von drei bis vier zu geben, bis zu der die Kinder die Mengen auf einen Blick unterscheiden können.

Babys verstehen die Bedeutung von mehr und weniger. Sie können dieses Wissen aber nur auf kleine Mengen anwenden.

Auch Erwachsene, die die Anzahl von Punkten schätzen sollen, sehen Mengen bis drei oder vier auf einen Blick und fangen erst bei etwa fünf Elementen an zu zählen. Dieser sehr schnelle, automatische Prozess der gleichzeitigen Verarbeitung von Mengen mit geringem Umfang wird *Simultanerfassung* genannt und ist vermutlich tief in unserem Nervensystem verankert. Beide Arten von Mengenvorstellungen im Säuglingsalter – intuitiver Mengensinn und Simultanerfassung – kommen ohne exaktes Zählen aus.

Das Wissen darum, dass Mengen mit weniger als vier Elementen sowie Vergleiche zwischen Mengen mit großen Unterschieden für kleine Kinder besser zu erfassen sind, können Erwachsene nutzen, um jüngeren Kindern den Einstieg in das Verständnis von Mengenbegriffen zu erleichtern. Konkret ist es sinnvoll, die Worte *mehr* und *weniger* häufig in Situationen zu verwenden, die sich auf eine überschaubare Anzahl von Objekten beziehen – bis zu vier pro zu vergleichender Menge – oder auf den Vergleich zwischen deutlich verschieden großen Mengen, bei denen eine Menge mindestens doppelt so groß ist wie die andere. Sobald sich das Kind anhand solch einfacher Beispiele mit einfachen Mengenbegriffen vertraut gemacht hat, kann es auch lernen, sie auf größere Mengen und andere Mengenverhältnisse zu beziehen.

Können Babys rechnen?

Schon Säuglinge verstehen, dass eine Menge mehr wird, wenn etwas hinzukommt, und weniger, wenn man etwas wegnimmt. Wie eine Studie der Säuglingsforscherin Karin Wynn zeigt, bilden Kinder bereits sehr früh korrekte Erwartungen darüber aus, was bei Mengenveränderungen passiert.

Zeigt man Babys, dass hinter einem Wandschirm eine Puppe steht und schiebt dann eine weitere Puppe dazu, so wundern sie sich, wenn nach Entfernen des Wandschirms nur eine Puppe zu sehen ist, weil die andere für das Kind unsichtbar nach hinten von der Bühne gezogen wurde. Gewöhnt man sie umgekehrt an zwei Puppen und zieht dann eine hinter dem Wandschirm weg (real befinden sich aber immer noch zwei Puppen hinter dem Wandschirm), wundern sich die Babys, wenn nach Entfernung des Wandschirms zwei Puppen zu sehen sind. Schon fünf Monate alte Babys schauen das mathematisch unmögliche Ereignis länger an; sie scheinen zu wissen, dass die Menge mehr werden muss, wenn etwas dazukommt und kleiner, wenn etwas weggenommen wird.

Doch heißt das, dass Babys rechnen können? Diese Frage wird von Säuglingsforschern bis heute kontrovers diskutiert – bisher konnte aber nicht eindeutig gezeigt werden, dass Babys tatsächlich schon einzelne Dinge zählen oder gar zusammenzählen bzw. abziehen können. Doch sie sind sehr gut in der Lage, auf stetige Merkmale wie die Fläche von Gegenständen zu achten und diese im Kopf zu „verrechnen“. So achten sie zum Beispiel einfach auf die Größe der Fläche, die die Puppen einnehmen, und erwarten mehr Fläche, wenn etwas dazukommt.

Das Kleinkindalter: 2 bis 3 Jahre

Im Kleinkindalter lernen Kinder, Mengen nicht nur anhand ungenauer Schätzungen, sondern anhand ihrer einzelnen Elemente exakt zu erfassen. Die Fortschritte, die Kinder in diesem Alter in ihrer sozialkognitiven und sprachlichen Entwicklung machen, sind dabei von großer Bedeutung für die Weiterentwicklung des mathematischen Denkens.

Ab wann benutzen Kinder Zahlwörter?

Fast von dem Moment an, in dem sie zu sprechen beginnen, sind im Vokabular von Kleinkindern auch Zahlwörter enthalten. Das bedeutet nicht, dass die Kinder schon zählen können. Sie lernen, die Zahlenreihe zunächst wie ein Gedicht in einer bestimmten Reihenfolge aufzusagen.

Im Kleinkindalter gewinnen Kinder ein Mengenverständnis einzelner, zählbarer Elemente.

Schon bald verstehen die Kinder allerdings, dass Zahlworte der Benennung von kleinen Mengen dienen. Mit zwei Jahren benutzen Kinder Zahlworte bereits in systematischer Weise, mit drei Jahren können sie in der Regel von eins bis fünf zählen und dabei auf Objekte deuten. Im Alter von zwei bis vier Jahren entwickelt sich auch die Fähigkeit, gleichgroße Mengen einander zuzuordnen und einfache Rechenoperationen mit Bauklötzen durchzuführen. Wie geübt Kinder in diesen Fähigkeiten sind, hängt sehr vom ihrem Umfeld ab.

In jedem Fall dauert es allerdings mehrere Jahre, bis Kinder das Zeigen, Zählen und Aufteilen von Mengenelementen sicher koordinieren können. Hierzu müssen sie erst wichtige Zählprinzipien wie die *Eins-zu-Eins-Zuordnung* zwischen Objekt und Zahlwort, die stabile *Zahlwortreihe* oder das *Kardinalitätsprinzip* verstanden haben, von denen bereits die Rede war. Mit anderen Worten: Sie müssen lernen, wie sie durch das Zählen die exakte Größe einer Menge ermitteln können. Einige Entwicklungsforscher glauben, dass Sprachfähigkeiten in diesem Zusammenhang eine wichtige Rolle spielen.

Ab wann verstehen Kinder Dinge abzuzählen?

Als Säuglinge können Kinder noch keine einzelnen Dinge zählen und nehmen Mengen zunächst nur grob wahr, wobei sie vor allem auf stetige Merkmale wie die räumliche Ausdehnung der Gegenstände achten. Wie verstehen Kleinkinder dann das Konzept des exakten Zählens *einzelner* Einheiten unabhängig von ihrer jeweiligen Größe, z.B. drei vs. fünf?

Sie müssen als Erstes erkennen, dass zwischen der Erfassung von einzeln zählbaren Dingen, z.B. Schaufeln, und von lückenlos zusammenhängenden Stoffen, z.B. Sand, bestimmte Unterschiede bestehen. Dabei sind beide Arten der Mengenerfassung jeweils in verschiedenen Situationen sinnvoll:

- Die Erfassung *anhand der genauen Anzahl* (exaktes Zählen) ist für Dinge sinnvoll, die ihre Eigenschaften verändern, wenn sie geteilt werden. So ist z.B. ein halber Elefant kein Elefant mehr oder eine halbe Schaufel nicht mehr funktionsfähig. Hier macht genaues Zählen Sinn: Wie viele Elefanten sind da? Reichen die Schaufeln für alle Kinder?
- Die Erfassung *anhand der ungefähren Gesamtmenge* (grobes Schätzen) ist dagegen für Stoffe wie Sand oder Wasser sinnvoll, die in ihren Eigenschaften bei Unterteilung gleich bleiben. Viel oder wenig? Es bleibt immer Sand. Einige Dinge können in ihrer Menge sowohl einzeln gezählt als auch kontinuierlich erfasst werden, z.B. können Lebensmittel wie Kekse sowohl gezählt als auch in Gramm gewogen werden.

Sobald Kinder zu verstehen beginnen, dass Zählen zu einer größeren Genauigkeit führt als Schätzen, werden sie versuchen, diese Methode anzuwenden, wo immer es geht. Hierbei lernen sie viel darüber, wann und warum Zählen sinnvoll ist. In Situationen, wo die Zählmethode nicht sinnvoll anwendbar ist – z.B. Sandkörner zählen –, entsteht ein Kontrast zu Situationen, in denen das Zählen zielführend ist, wie etwa beim Abzählen von Murmeln.

Dieser Kontrast zwischen unterschiedlichen Situationen wird Kindern bewusst, wenn sie zu zählen beginnen, und diese Einsicht macht ihnen wiederum den Unterschied zwischen zählbaren und nicht zählbaren Dingen zunehmend deutlich.

Kleinkinder lernen, zwischen zählbaren und nicht zählbaren Mengen zu unterscheiden.

Erwachsene unterstützen Kinder in ihrem Zählverständnis, indem sie mit ihnen gemeinsam überlegen und ausprobieren, wann sich das Zählen einzelner Elemente lohnt und wann man besser auf eine andere Form der Mengenerfassung zurückgreift wie etwa die Größen-, Volumen-, oder Gewichtsmessung. So kann man z.B. ausprobieren, ab welcher Perlengröße sich das Zählen lohnt.

Verstehen der Eins-zu-Eins-Zuordnung

Ein wichtiger Schritt im Umgang mit zählbaren Mengeneinheiten ist das Verstehen der Eins-zu-Eins-Zuordnung von Elementen. Alltägliche Aktivitäten, die diese Kompetenz erfordern, sind überaus bedeutsam für die mathematische Entwicklung. Dabei spielen soziale Aktivitäten wie das Verteilen von Objekten an Personen eine zentrale Rolle. Zwar können Kinder auch Übereinstimmungen zwischen Mengen von Objekten wahrnehmen, z.B. wenn drei Bauklötze neben drei anderen Klötzchen zu liegen kommen. Noch augenscheinlicher wird die Eins-zu-Eins-Zuordnung für die Kinder aber in Situationen, in denen die Anzahl von Personen und Objekten nicht übereinstimmt. So etwa, wenn drei Süßigkeiten für vier Kinder zur Verfügung stehen, oder wenn beim Tischdecken ein Teller zu viel da ist. Auch spielerische Aktivitäten wie das verteilende Zählen („Eins für dich, eins für mich.“) schärfen die Wahrnehmung der Kinder für die Eins-zu-Eins-Zuordnung.

Das Vorschulalter: 3 bis 6 Jahre

Mit Beginn des Vorschulalters haben Kinder verstanden, dass die meisten Mengen, im Gegensatz zu zusammenhängenden Stoffen, aus einzelnen und damit zählbaren Einheiten bestehen. Dieses Verständnis stellt eine wichtige Voraussetzung für das sprachliche Zählen und für den Erwerb rechnerischer Kompetenzen dar. Mit etwa vier Jahren beherrschen die meisten Kinder dann die fünf wichtigsten Zählprinzipien und wenden sie beim Zählen richtig an.

Wann verstehen Kinder die Zählprinzipien?

Das Zählen als grundlegende mathematische Kompetenz basiert nach Rochel Gelman auf fünf funktionalen Prinzipien, die bereits ausführlich erläutert wurden. Dazu gehören:

- Prinzip der Eins-zu-Eins-Zuordnung
- Prinzip der stabilen Rangfolge (Zahlen und Mengen)
- Kardinalitätsprinzip
- Abstraktionsprinzip
- Prinzip der Irrelevanz der Reihenfolge.

Die genannten Zählprinzipien verinnerlichen Kinder im Laufe des Kleinkind- und Vorschulalters. Dabei können die Prinzipien der Eins-zu-Eins-Zuordnung und der stabilen Reihenfolge auch unabhängig von sprachlichen Fertigkeiten geübt werden. Zum Beispiel stellt das Anziehen von jeweils einem Söckchen an jeweils einen Fuß eine einfache Eins-zu-Eins-Zuordnung dar, die Kinder schon im Säuglingsalter erfahren.

Spätestens im Vorschulalter ist Kindern die praktische Relevanz der Eins-zu-Eins-Zuordnung klar: wenn sie ihren zweiten Schuh anziehen möchten, um nach draußen gehen zu können.

Dieses vorsprachliche Verständnis von Eins-zu-Eins-Zuordnungen bringen die Kinder in ihrem Denken bereits mit. Es kann von Erwachsenen im alltäglichen Umgang mit den Kindern genutzt werden, um ihnen die Verwendung von Zahlworten zu zeigen und bekannte Erfahrungen in mathematischer Sprache zu beschreiben (z.B. „Ein Fuß, noch ein Fuß, zwei Füße; ein Schuh, zwei Schuhe“ etc.).

Auch das Prinzip der Reihenbildung verstehen Kinder schon ohne Kenntnis der Zahlwortreihe. Im Kindergartenalter lernen sie, verschiedene Dinge der Größe nach zu ordnen, z.B. Stäbchen, Stifte oder Klötzchen, und diese Anordnung zu beschreiben, z.B. von groß nach klein. Dabei lernen sie, dass unabhängig von der Art der Dinge, die geordnet werden, jeweils eine Reihe entsteht und das Prinzip der Reihung immer wieder mit verschieden großen Elementen hergestellt bzw. beobachtet werden kann. Haben Kinder dieses Prinzip bei der Reihung einmal verstanden, fällt es ihnen leicht, auch zählbare Mengen in eine Reihenfolge zu bringen und diese auch mit den passenden Zahlworten zu benennen.

Das Verständnis der stabilen Reihenfolge, der Eins-zu-Eins-Zuordnung und des Kardinalitätsprinzips stellen Voraussetzungen für das korrekte Zählen dar.

Richtig zählen können Kinder jedoch erst, wenn sie das Kardinalitätsprinzip verstanden haben, d.h. dass das zuletzt genannte Zahlwort der Gesamtanzahl der Objekte entspricht. Auf die richtige Kardinalzahl kommen Kinder jedoch nur, wenn sie die Zahlwortreihe beherrschen und diese korrekt ein-zu-eins der zu zählenden Menge an Objekten zuordnen.

Damit stellen alle drei Prinzipien – stabile Reihenfolge, Eins-zu-Eins-Zuordnung und Kardinalitätsprinzip – zentrale Voraussetzungen für das korrekte Zählen dar. Werden diese drei beachtet, fällt es dem Kind leicht zu begreifen, dass es alle beliebigen einzelnen Dinge zählen kann (Abstraktionsprinzip des Zählens) und dass es egal ist, bei welchem Objekt es mit dem Zählen anfängt: Es bleiben immer zehn Kinder, gleichgültig, in welcher Reihenfolge sie gezählt werden (Prinzip der Irrelevanz der Reihenfolge).

Wie entwickelt sich die Zählfertigkeit?

Während zweieinhalbjährige Kinder bereits verstehen, dass Zahlwörter eine eigene Gruppe von Wörtern bilden, die sich auf die Bezeichnung von bestimmten Mengen (und nicht auf eine Art von Objekt) bezieht, ist ihnen noch nicht klar, welches Wort exakt welche Menge bezeichnet. Diese Zuordnung zwischen der Zahlensymbolreihe und der frühkindlichen Mengenvorstellung braucht Zeit, in der Regel etwa ein Jahr.

Neben der Zuordnung zwischen Mengen und Zahlworten lernen Kinder im Vorschulalter auch den Umgang mit Zahlsymbolen wie Ziffern oder Würfelbildern.

Vermutlich lernen zwei- bis dreijährige Kinder die Kardinalbedeutung der kleinen Zahlen von eins bis drei, indem sie die entsprechenden Zahlworte der schon im vorsprachlichen Alter sicher vorhandenen Vorstellung kleiner Mengen zuordnen (Simultanerfassung). Um größeren Mengen die richtige Kardinalzahl zuzuordnen (und nicht irgendeine große Zahl), müssen Kinder jedoch exakt zählen können. Dabei scheinen sie das Ordinalitätsprinzip und das Kardinalprinzip zunächst an den kleinen Zahlen zu begreifen und dann nach und nach auf größere Zahlen zu übertragen, bis die Lücke zwischen der sprachlich verfügbaren Zahlwortreihe und der jeweiligen Mengenvorstellung geschlossen ist.

Für ein sicheres mathematisches Verständnis der Mengen-Symbol-Zuordnungen ist zentral, dass Kinder nicht nur Ziffern wie z.B. die *3* benennen können (Zahlwort *drei*), sondern auch wissen, welche Menge damit bezeichnet wird (z.B. drei Finger, drei Punkte). Je häufiger Kinder unter Anleitung Gelegenheit haben, eine Zuordnung zwischen bestimmten Mengen und den entsprechenden Zahlworten vorzunehmen, desto sicherer werden sie später Zahlen mit einer konkreten Vorstellung verbinden können. Würfelspiele, Mengenbestimmungsspiele und das Abzählen von Mengen im Alltag sind dabei äußerst hilfreich.

Vorschulkinder eignen sich mit dem Erwerb der genannten Zählprinzipien eine zentrale Kulturtechnik an. Dabei spielen die Sprache und der soziale Kontext eine wichtige Rolle. Nicht alle Kulturen verfügen über ein System von Zahlsymbolen. So gibt es z.B. Urvölker am Amazonas, die nur die Zahlwörter *eins* bis *fünf* und *viele* kennen, diese jedoch selten konsistent für die entsprechenden Mengen benutzen.

Die Sprache und der Umgang mit Zahlsymbolen eröffnen Kindern einen neuen Zugang zur genauen Mengenerfassung und bilden damit die Voraussetzung für das richtige Zählen und Rechnen. Wie früh Kinder diesen Zugang entwickeln, hängt entscheidend davon ab, wie stark sie in ihrer Familie und in der Kindertageseinrichtung zur Auseinandersetzung mit und zur Bestimmung von Mengen angeregt werden.

Auch Rechenfertigkeiten sind als Kulturleistung anzusehen, die Kinder durch Lernen und Sozialisation erwerben und die wiederum eine Voraussetzung für höhere mathematische Leistungen darstellen. Wie sich diese Fähigkeiten entwickeln, fasst Tabelle 1.1 zusammen.

Frühkindliche mathematische Kompetenzen	**Säugling (0 bis 1 Jahr)**	**Kleinkind (2 bis 3 Jahre)**		**Vorschulkind (3 bis 6 Jahre)**
Unterscheidung von Mengen	Unterscheidung kleiner Mengen (bis 4); große Mengen (ab 5) nur im Verhältnis 1:2	Unterscheidung von Mengen auch im Verhältnis 2:3	Zählen einzelner Einheiten beginnt	Mengenunterscheidung durch Zählen möglich
Ordnung von Mengen (mehr vs. weniger)		Mehr-weniger-Beziehungen werden ansatzweise verstanden		Mehr-weniger-Beziehungen werden sprachlich ausgedrückt
Operationen mit Mengen	Veränderung von Mengen wird bemerkt (etwas kommt dazu oder weg)	Ansätze der Zuordnung von Zahlen zu Mengen; Erkenntnis: Wenn man weiterzählt, wird die Menge größer.		Beginnendes Verständnis der Zerlegbarkeit von Mengen Strukturierte Anzahlerfassung
Mengenkonzept zählbarer Einheiten		Unterscheidung von kontinuierlichem Schätzen und exaktem Zählen		Sicherheit in der Einschätzung, wann sich zählen lohnt
Symbolische und sprachliche Repräsentation		Lernen von Zahlwörtern, Erkennen der festen Reihenfolge		Stabile Zahlwortreihe, Erkennen von Zahlensymbolen
Zählkompetenz		Verständnis des Prinzips der Eins-zu-Eins-Zuordnung		Verständnis aller Zählprinzipien möglich

Tab. 1.1: Überblick über die Entwicklung mathematischer Fähigkeiten.

Frühe Bildungsmaßnahmen

Wie die entwicklungspsychologischen Grundlagen aufzeigen, verfügen Klein- und Vorschulkinder bereits über ein erstaunlich großes Wissen und Können im mathematischen Bereich. Junge Kinder bringen eine Reihe von geistigen Fähigkeiten mit, die ihnen den Einstieg in die Welt der Mathematik erleichtern. Gleichzeitig befindet sich ihr Gehirn in einer Phase der erhöhten Aufnahmebereitschaft, so dass Bildungsmaßnahmen in diesem Alter einen besonders nachhaltigen Einfluss auf die weitere Entwicklung haben können.

Zahlreiche Studien belegen, dass das frühkindliche mathematische Wissen die Voraussetzung zum Verständnis der formalen Mathematik darstellt und die Grundlage bildet, auf der Kinder Rechenfertigkeiten erwerben und ihr mathematisch-strategisches Denken entwickeln. Eine spielerische Frühförderung der Kinder wirkt sich nicht nur positiv auf die Aneignung von Wissen und Fertigkeiten aus, sondern auch auf das schulische und speziell das mathematische Selbstwertgefühl. Dies hat einen wichtigen motivierenden Einfluss auf spätere schulische Leistungen: Wer sich selbst Mathematik zutraut und daran Spaß hat, dem fallen auch die Matheaufgaben in der Schule leichter. Somit kann bereits in der Kindertageseinrichtung neben den Zähl- und Rechenfertigkeiten gerade auch das mathematische Selbstvertrauen und damit eine positive Haltung zur Mathematik insgesamt gefördert werden.

Wie schnell Kinder einen sicheren Umgang mit der Zahlenwelt entwickeln und wie viel Sinnhaftigkeit sie dabei empfinden, hängt unter anderem davon ab, welchen Stellenwert Erwachsene – vor allem Eltern und erzieherische Fachkräfte – der Mathematik geben. In nahezu jeder kindlichen Umgebung gibt es Objekte und Ereignisse, die man zählen kann, Formen, die man unterscheiden (Dreieck, Viereck etc.), Orte, die man identifizieren (oben, unten, Hausnummern etc.), und Muster, deren Regelmäßigkeit man erkennen kann. Die soziokulturelle Umgebung spielt eine entscheidende Rolle, wenn es darum geht, ob und wie Kinder diese mathematischen Muster bewusst wahrnehmen.

Erst durch Erwachsene und andere Kinder lernen jüngere Kinder, Situationen als mathematisch zu erkennen und zu beschreiben, und eignen sich die nötigen Konzepte, symbolischen Werkzeuge und Fertigkeiten an, um über Mathematik zu kommunizieren und nachzudenken.

II Mathematisches Denken – pädagogische Praxis

2 Vorstellung verschiedener Förderansätze und die Umsetzung in die Praxis

Die Darstellung der entwicklungspsychologischen Grundlagen im vorherigen Kapitel beschränkte sich aus Platzgründen auf Ausführungen zur Entwicklung von Fertigkeiten, die den Umgang mit Mengen, Zahlen und Ziffern betreffen. Mathematisches Denken umfasst aber auch andere Aspekte wie das Erkennen von Mustern und Regeln, räumliche Anordnungen oder Formen und den Umgang mit Messinstrumenten. Zum Teil werden diese Aspekte von den Förderkonzepten aufgegriffen, von denen in den nächsten Kapiteln die Rede ist.

Im Folgenden werden zunächst zwei Bildungskonzepte vorgestellt, die sich beide zu einer ganzheitlichen Förderung bekennen, bei der Kopf, Herz und Hand zusammenarbeiten sollen. Beide Konzepte fühlen sich darüber hinaus dem Situationsbezogenen Ansatz verpflichtet und möchten Erzieherinnen Möglichkeiten zur Gestaltung von Lernumgebungen aufzeigen, die sie flexibel in den Alltagsablauf in der Kindertageseinrichtung einbinden können. Sie thematisieren sowohl den Umgang mit Zahlen und Mengen als auch den Umgang mit Formen und geometrischen Eigenschaften. In Kapitel 2.3 schließlich wird der Blick dafür geschärft, dass jegliche mathematische Förderung am besten in einer geeigneten Lernumgebung umgesetzt wird.

2.1 Komm mit ins Zahlenland

Barbara Schindelhauer,
Gerhard Friedrich

Der Ansatz des Konzepts

Bei *Komm mit ins Zahlenland* des Instituts für vorschulisches Lernen handelt es sich um ein offenes Konzept, das jede Einrichtung individuell auf ihre eigenen Bedürfnisse anpassen kann. Es bietet Pädagogen und Kindern einen roten Faden, der dabei helfen soll, viele verschiedene Einzeleindrücke im Umgang mit Zahlen zu ordnen und neue Erfahrungen strukturell einzubetten. Zugleich bleibt das Konzept offen für die Verknüpfung mit neuen Ideen und anderen Wissensinhalten.

Grundidee

Kinder suchen schon früh einen Zugang zu Zahlen, Mengen und Formen, um sich die Welt aneignen zu können. Gleichzeitig trägt ein früh verankertes und tief fundiertes Verständnis des Zahlbegriffs entscheidend zu einem erfolgreichen, motivierten Schulstart bei und hilft, einer Rechenschwäche vorzubeugen. *Komm mit ins Zahlenland* wurde als kindgerechter Ansatz entwickelt, der die Mathematik in die Erlebniswelt der Kinder einbettet und dadurch den Zugang zur Welt der Mathematik erleichtert. Das Konzept kombiniert Erkenntnisse aus Hirnforschung, Entwicklungspsychologie, Elementarpädagogik und Mathematikdidaktik. Dabei stehen die Interessen, Erfahrungen und Bedürfnisse des Kindes im Vordergrund.

Inhaltsbereiche

Ein wichtiges Anliegen besteht darin, Kindern zunächst bei der Abstraktion des Zahlenbegriffes zu helfen. Sie lernen zu begreifen, dass Zahlenworte und Zahlensymbole immer für bestimmte Mengen von Gegenständen stehen, wobei die Art der Gegenstände austauschbar ist. Spielerisch üben die Kinder, Zahlen und Mengen im Alltag sicher zu identifizieren. Auch alle Kernkompetenzen, die mit dem Abzählen

Abb. 2.1: Zahlenstadt mit Zahlenweg

von Mengen und einfachen Rechenoperationen zu tun haben, werden thematisiert. Darüber hinaus lernen die Kinder, Formen zu unterscheiden und mit der Zahlenwelt in Verbindung zu bringen. *Komm mit ins Zahlenland* will Kinder darin unterstützen, sich ein sicheres Fundament für mathematisches Denken zu erarbeiten.

Lernkonzept

Das Lernkonzept besteht darin, dass Kinder und Fachkräfte der Einrichtung gemeinsam ein *Zahlenland* aufbauen und sich dabei jeweils ein bis zwei Wochen Zeit nehmen, um jede Zahl intensiv in ihrer Bedeutung und in unterschiedlichen Darstellungsformen (Mengen, Zahlenworte, Zahlensymbole) kennenzulernen. Mit Liedern und Geschichten, Ritualen und Spielen wird die Idee des *Zahlenland*es den Kindern ganzheitlich nahegebracht.

Wichtige Elemente dabei sind die Zahlenfiguren, der Zahlenweg, die Zahlengärten mit ihren Hausnummern, Zahlenhäusern und -türmen sowie ein Zahlenkobold und eine Zahlenfee. Ergänzend kommen Zahlenlieder, -geschichten und -spiele hinzu. Diese Elemente werden nachfolgend näher vorgestellt.

Zahlenfiguren

Die Zahlenfiguren sehen aus wie die richtigen Ziffern, sind zusätzlich aber mit Gesichtern angemalt, um sie für die Kinder lebendig und interessant zu gestalten. Sie leben im *Zahlenland* und haben dort ihre eigenen Häuser und Gärten. Den Kindern begegnen die Zahlen als freundlichen, lebendigen Figuren, die sie dazu motivieren sollen, sich kindgerecht und phantasievoll mit der Zahlensymbolik auseinanderzusetzen.

Zahlenweg

Es gibt einen Zahlenweg, der ins *Zahlenland* führt. Er besteht aus großen robusten Zahlenkarten mit Ziffern von 0 bis 10 (oder 20). Die Kinder bauen ihn unter Anleitung der Erzieherin auf. Das hilft ihnen, die Benennung von Ziffern zu schulen und die Abfolge der Zahlenreihe zu üben. Indem die Kinder auf diesem Weg gehen und mit jedem einzelnen Schritt genau eins weiterzählen, wird ihre Fähigkeit der Eins-zu-Eins-Zuordnung geschult und in körperlicher Erfahrung verankert. Indem sie laut sagen oder singen, auf welcher Karte sie gerade stehen, lernen sie, die Ziffern korrekt zu benennen. Der Zahlenweg führt in die Zahlenstadt.

Zahlenstadt

In der Zahlenstadt wohnt jede Zahl in ihrem charakteristischen, geometrisch geformten **Garten**. So hat zum Beispiel die Drei einen dreieckigen Garten, die Vier einen viereckigen Garten usw. Auf diese Weise werden Zahlen mit Formen verknüpft. Die Gärten werden von den Kindern mit allen möglichen Gegenständen bestückt, die zu der jeweiligen Zahl passen – entweder weil es von der Menge her stimmt oder weil es typisch für eine gegebene Zahl ist: Bei der Eins darf nur hinein, was es einmal gibt, z.B. ein Mond, eine Sonne, ein Mund, aber auch ein einzelner Buntstift, eine Steckblume, ein Knopf. Zur Zwei passen zwei Stifte, zwei Murmeln – aber auch ein Paar Handschuhe oder ein zweibeiniges Tier. Der Garten der Drei wird u.a. mit einer Triangel und drei Murmeln ausgestattet.

Auf diese Weise wird den Kindern vermittelt, dass jede Zahl für eine bestimmte definierte Menge an Gegenständen steht, gleichgültig, um welche Art von Objekt es sich handelt oder wie diese angeordnet sind. Es wird das Verständnis des *Abstraktionsprinzips beim Zählen* vermittelt. Weil man immer eine definierte Anzahl von einer bestimmten Art benötigt, üben die Kinder darüber hinaus das Klassifizieren und Sortieren von Gegenständen.

Es gibt auch eine **Hausnummer**, deren Ziffer verrät, wer hier eingezogen ist. Indem die Kinder ein Fähnchen mit der Hausnummer in jeden Garten stellen, machen sie sich auch hier aktiv mit den Zahlensymbolen vertraut.

Die Kinder richten die einzelnen Gärten mit Häusern, Türmen und mit passenden Alltagsgegenständen ein. Die **Häuser** haben Fenster mit Würfelbildern, die zu ihren Bewohnern passen. Auf diese Weise werden die Zahlen mit Mengenbildern und typischen Mustern verknüpft. Größere Häuser lassen sich als Doppelhäuser zusammensetzen: So besteht das Haus der Sechs aus einem Fünfer-Haus und einem Einer-Haus. Auf diese Weise üben die Kinder das Prinzip der *strukturierten Anzahlzerlegung*.

Die **Türme** setzen sich aus der zum Garten passenden Anzahl von Stockwerken zusammen. Durch die Verwendung der passenden Anzahl von Stockwerken lernen die Kinder ebenfalls, Mengen zu zerlegen oder neu zusammenzusetzen. Hier kann sich zudem das Verständnis für das Ordinalitätsprinzip vertiefen, weil die Türme mit jedem Stockwerk immer höher werden. Außerdem wird der Beginn *einfacher Rechenoperationen* wie der Addition und Subtraktion angebahnt.

Zahlenkobold und Zahlenfee

Manchmal treibt der freche Zahlenkobold Kuddelmuddel sein Unwesen, stibitzt Dinge aus den Gärten, vertauscht Platten auf dem Zahlenweg oder macht anderen Unfug. Dann müssen die Kinder eingreifen und alles wieder in Ordnung bringen. Glücklicherweise gibt es auch die Zahlenfee Vergissmeinnicht, die die Kinder herbeirufen können, wenn es zu schwierig für sie wird. Die Einführung dieser Fantasiegestalten lockert die Reise in das *Zahlenland* auf und bietet zusätzliche Motivationsanreize. Wenn der Kobold etwa die Zahlenstraße durcheinandergebracht hat und die Kinder die Platten wieder in die richtige Reihenfolge legen, lernen sie u.a., dass die Zahlenabfolge nicht beliebig ist, sondern feststeht. Wenn in den Gärten die Anzahl der Objekte plötzlich nicht mehr stimmt, weil Kuddelmuddel da war, üben die Kinder ihre Zählfertigkeiten, um herauszufinden, wo der Kobold seinen Unfug getrieben hat.

Zahlenlieder, -geschichten und -spiele

Mit Geschichten, Liedern und (Bewegungs-)Spielen rund um die Zahlen werden die Kinder nicht nur mathematisch motiviert, sondern auch ganzheitlich gefördert. Schlüsselkompetenzen wie Sprache, Konzentration und Wahrnehmung, Merkfähigkeit und Motorik, Musikalität und Rhythmik oder Sozialverhalten werden durch die Beschäftigung mit dem *Zahlenland* geübt. Das Allgemeinwissen wird erweitert, Selbstvertrauen und Motivation gestärkt.

Abb. 2.2: Ein Zahlengarten der Zahl fünf

Vernetzung vom Zahlenland mit anderen Erfahrungen

Außerhalb der festen *Zahlenland*-Besuchstermine kann die jeweilige Zahl im Alltag der Kindertageseinrichtung vertieft werden, wann immer sich ein situativer Zusammenhang ergibt. Das können Themen aus den Zahlengeschichten sein wie z.B. die fünf Kontinente, fünf Finger oder Zehen. Bei der Zwei sind Aktivitäten mit Spiegeln attraktiv, weil sich im Spiegelbild alles verdoppelt.

Die Zahlen lassen sich auf verschiedene Arten kreativ gestalten, und es können Abzählreime gesprochen und die Zahlenlieder oder andere Lieder mit Zahlenbezug gesungen werden.

Im Sport balancieren die Kinder auf Zahlen aus Seilen oder führen bestimmte Bewegungen immer x-mal aus.

Beim Spaziergang sammeln die Kinder immer eine bestimmte Anzahl von Gegenständen oder achten auf Zahlen und Formen um sie herum. Es gibt eine Fülle von Möglichkeiten, von denen viele längst zum Alltag der Kindertageseinrichtung gehören.

Die Förderung

Die wesentlichen strukturellen Elemente der Reise ins *Zahlenland* wurden bereits beschrieben. Nachfolgend soll zunächst von den Reisevorbereitungen die Rede sein und konkret erläutert werden, wie sich der Einstieg in das *Zahlenland* gestalten lässt. Anschließend wird an einem Praxisbeispiel illustriert, wie eine solche Reise aussehen kann.

Material

Für die Arbeit mit dem *Zahlenland* braucht man Hausnummern, Zahlenfiguren, -gärten, -häuser und -türme sowie einen Zahlenkobold und eine Zahlenfee. Langlebiges Material mit hohem Aufforderungscharakter, das speziell zum Konzept *Komm mit ins Zahlenland* erarbeitet wurde, kann im Handel bestellt werden (→ vgl. Anhang).

Um die Hemmschwelle der Beschaffung kostspieliger Materialien zu überwinden, gibt es durchaus die Möglichkeit eines Einstiegs mit improvisierten Materialien:

- Die Häuser bestehen dann aus laminierten Quadraten, auf die die Würfelbilder aufgezeichnet sind.
- Als Fenster können die Kinder Kastanien, Muggelsteine oder Ähnliches auflegen.
- Als Hausnummern dienen kleine Karten. Aus Bausteinen können die Zahlentürme konstruiert werden.
- Die Gärten sind Holzreifen aus dem Turnraum, denen die Kinder die geometrischen Formen in kleinem Maßstab zuordnen.

Es hat sich als günstig erwiesen, wenn die Materialien möglichst groß für die *Zahlenland*-Reisen vorhanden sind, weil die Zahlenstadt dann besonders eindrucksvoll wird und noch mehr Bewegung im Raum ermöglicht. Wenn jede Gruppe zusätzlich ein Mini-*Zahlenland* als Tischversion zur Verfügung hat, bietet dies platzsparend viele Möglichkeiten des Entdeckens und des Spiels. So kann im Stuhlkreis die ganze Gruppe teilhaben, selbst wenn es nur ein Projekt für die Großen sein sollte.

Dies gilt allerdings nicht für den Zahlenweg. Hier ist es wichtig, dass die Kinder tatsächlich darüber laufen können.

Zielgruppe

Durch die flexiblen Gestaltungsmöglichkeiten können Kinder schon ab drei Jahren profitieren. Die Praxis zeigt, dass selbst Zweijährige spielerisch die Zahlen bis drei erleben können. Optimal ist es, wenn die Kinder mit circa vier bis fünf Jahren die ersten (gezielten) Erfahrungen mit der Zahlenwelt machen, die sie dann in der verbleibenden Zeit in der Kindertageseinrichtung vertiefen können. Erfahrungsgemäß erwacht nämlich in diesem Alter das Interesse an Zahlen und Mengen, so dass hier ein guter Grundstock gelegt werden kann. Auch haben die Kinder so noch mehr Zeit, um in die Thematik hineinzuwachsen.

Oft entscheiden sich Einrichtungen, das Projekt zunächst nur mit ihren Schulanfängern durchzuführen, weil das gezielte Arbeiten am Verständnis des Zahlbegriffs für diese Gruppe zur Vorbereitung auf die Schule besonders wichtig ist.

Am intensivsten sind die Erfahrungen in einer relativ alters-homogenen Projektgruppe von acht bis zehn Kindern, die sich regelmäßig mit einer konkreten Zahl auseinandersetzt.

In den anderen Modulen des Alltags kann die „Zahl der Woche" aufgegriffen werden: im Stuhlkreis, beim Musizieren, beim Turnen, Bauen, beim Spaziergang und in der Matheecke. Es gibt aber auch sehr gute Erfahrungen, das *Zahlenland* mit der Gesamtgruppe zu erarbeiten. Sinnvoll ist diese Variante, wenn die räumliche oder personelle Struktur keine separate Projektgruppe ermöglicht. Dann erleben alle Kinder im Stuhlkreis und im *Zahlenland* die Zahl der Woche. Ihre Aktivitäten verteilen sich anschließend auf verschiedene Module. So erhalten einige Kinder zum Beispiel den Auftrag, nach Dingen zu suchen, von denen es eine bestimmte Anzahl gibt, während andere mit Malaufgaben zum Thema beschäftigt sind. Idealerweise haben alle Kinder zudem in Freispielphasen immer Zugang zu den *Zahlenland*materialien.

Zeitlicher Ablauf

Obwohl sich eine Reise ins *Zahlenland* frei gestalten lässt, ist es wichtig, dass diese Reise regelmäßig stattfindet und in ein Ritual des Alltags in der Kindertageseinrichtung eingebunden wird. Das gibt den Kindern Orientierung, und sie wissen, was in etwa auf sie zukommt. Dies wiederum fördert Aufmerksamkeit und Konzentration.

Der Einstieg

Es gibt unzählige Möglichkeiten, Kinder auf ein *Zahlenland*-Projekt einzustimmen, und der Kreativität sind keine Grenzen gesetzt. Die Kinder können z.B. die Zahlenpuppe der Eins finden, die ihnen vom *Zahlenland* erzählt und die Kinder dorthin einlädt. Auch von der Zahlenfee Vergissmeinnicht und dem Zahlenkobold Kuddelmuddel kann schon die Rede sein, das erhöht die Vorfreude der Kinder. Im Gespräch überlegen die Kinder dann, welche Zahlen sie schon kennen und wo sie ihnen begegnen.

Der Einstieg kann ebenso direkt mit dem ersten Besuch im *Zahlenland* beginnen: Über den Zahlenweg von null bis zehn, der zum *Zahlenland* führt, gehen oder springen die Kinder laut zählend in das *Zahlenland* hinein. Für die ganz Kleinen kann der Zahlenweg auch nur bis zur Fünf gelegt werden, ab vier Jahren sollte der Weg aber stets vollständig bis zur Zehn liegen, damit ein Wiederholungseffekt erzielt wird.

Von den Zahlengärten liegen entweder nur der Kreis der Eins, die Gärten von Eins bis Fünf oder sogar schon alle zehn Gärten aus. Alle Varianten sind denkbar und plausibel – am gängigsten ist die Variante Eins bis Fünf, weil sich diese geometrischen Formen am stärksten voneinander unterscheiden. Anhand des Gartens der Eins lassen sich die Prinzipien sehr gut erklären: wer dort wohnt, wie das Haus aussieht und was alles hineindarf. Der Garten kann bereits eingerichtet sein, oder die Kinder erarbeiten ihn sich Schritt für Schritt im Gespräch. Dazu liegen zur Eins passende Einrichtungsgegenstände vorbereitet auf einem Tisch und die Kinder holen sie nacheinander in den Garten.

Der weitere Verlauf

Der weitere Verlauf des *Zahlenland*-Projekts ist individuell, und die Planung sollte immer wieder neu an das Lerntempo und die Bedürfnisse der Kinder gepasst werden. Wichtig ist, dass man sich und die Kinder nicht in ein starres Korsett presst, sondern es zulässt, wenn andere Ideen plötzlich Raum einnehmen.

Getreu dem Motto „Weniger ist mehr" sollten die Kinder stets genug Zeit haben, sich mit Dingen auseinanderzusetzen und sie auf sich wirken zu lassen. Auf diese Weise kommt es zu den tiefsten und nachhaltigsten Eindrücken. Begünstigt wird das, wenn Themen aus dem *Zahlenland*-Besuch, die dort möglicherweise nur angedeutet wurden, im Alltag aufgegriffen und im Freispiel vertieft werden.

In der Regel kann pro Woche eine Zahl besucht werden. Bei jüngeren Kindern bietet es sich entweder an, sich für eine Zahl zwei Wochen Zeit zu lassen oder bei der Zahl Fünf zu enden.

Bei lernschwächeren Kindern hat sich gezeigt, dass mindestens ab der Zahl Sechs ein langsameres Vorgehen wichtig ist.

Ideal ist eine Anpassung während des Projektverlaufs, wenn sich herausstellt, wie die Kinder zurechtkommen. Mitunter stellen Einrichtungen sogar ein ganzes Kindergartenjahr unter das Motto *Zahlenland* und verbinden den Jahreskreis damit.

Praxisbeispiel: Heute wird die Sechs besucht

Das Praxisbeispiel dokumentiert, wie eine Tagesaktivität aussehen kann: Das *Zahlenland* ist schon teilweise aufgebaut. Gemeinsam mit den Erzieherinnen haben sich die Kinder die Zahlen Eins bis Fünf erarbeitet – den Zahlenweg bis fünf gelegt, fünf Häuser und Gärten mit Türmen und anderen Gegenständen ausgestattet.

Bei einem gemeinsamen Kontrollgang besprechen und verändern die Kinder die schon aufgebauten Gärten. Wichtig ist immer, dass ein Kind plausibel argumentiert, warum es etwas gemacht hat. Schön ist auf jeden Fall, dass auch Kinder ohne ausreichende deutsche Sprachkenntnisse partizipieren können, denn sie können auf das deuten, was sie zählen. Diese Dinge werden dann benannt und so der Sprachschatz erweitert.

- **Der Besuch beginnt** – Die Kinder ziehen laut zählend über den Zahlenweg in das *Zahlenland* ein. Sie können dazu den Refrain des *Zahlenland-Lieds* singen, das auf einer CD erhältlich ist (→ vgl. Anhang). Sind sie schon sicher beim lauten Zählen, müssen sie vielleicht erst den Zahlenweg null bis zehn wieder in Ordnung bringen, weil Zahlenkobold Kuddelmuddel ihn mal wieder durcheinander gebracht hat. Falls das zu schwer ist, kann die Fee Vergissmeinicht helfen.
  Nun verzieren die Kinder den Zahlenweg, indem sie auf jeder Platte die richtige Anzahl Steinchen ablegen: nur einen Stein auf die Eins, zwei Steine auf die Zwei, usw. bis zur Sechs.

- **Zahl der Woche: die Sechs** – Die Sechs begrüßt als neue Zahl die Kinder und lädt sie ein, mit ihr gemeinsam einen schönen neuen Garten einzurichten. Sechs bekommt als erste Zahl ein Doppelhaus, das aus einem Fünfer- und einem Einer-Haus besteht. Die Kinder erleben bereits so die Zahlzerlegung 5 + 1 und die „Kraft der Fünf“, was sie auf dem Weg in die simultane Mengenerfassung unterstützt. Das gilt auch für die Zahlentürme, die sich aus unterschiedlichen Stockwerken zusammensetzen. Beim Aufbau und Vergleichen von Zahlentürmen in den Zahlengärten stellen die Kinder die Zerlegbarkeit einer Zahl linear dar. Je größer eine Zahl ist, desto höher wird der Turm sein. Sie können nachvollziehen, dass sich die Türme (also eine Zahl) unterschiedlich bauen lassen, sprich zerlegbar sind.

- **Allgemeinbildende Themen** – Im Zusammenhang mit der Zahl der Woche lassen sich allgemeinbildende Themen anstoßen, bei der Sechs zum Beispiel das Thema Käfer, denn diese haben immer sechs Beine. Da stellt sich schnell die Frage, welche Arten von Käfern es gibt. Daraus ergeben sich möglicherweise andere naturwissenschaftliche Aktivitäten für jetzt oder später (→ vgl. Kap. 5.1). Die Kinder können Käfer sammeln oder in einem Buch ansehen, Käfer gestalten, Käferspiele spielen und Käferlieder singen.
- **Zahlenlieder und -geschichten** – Die Sechs kann ihr spezielles Zahlenlied vorstellen (→ vgl. Anhang) oder ein anderes Lied, das thematisch zur Zahl passt. Wenn die Kinder Gefallen an Zahlenmärchen haben, lauschen sie nun der Geschichte der Sechs, die so gern einen Regenbogen malen möchte. Leider ist sie in die Wüste der Vergesslichkeit geraten und hat nur die drei Grundfarben zur Verfügung. Zum Glück bekommt sie einen Tipp, wie sie es trotzdem schafft, einen sechsfarbigen Regenbogen zu malen. Die Kinder können diese Geschichte mit einfachen Requisiten mitspielen. Der Regenbogen kann ebenfalls im Laufe der Woche als Thema aufgegriffen und vertieft werden.
- **Bewegungsspiele** – Im Anschluss ist Raum für Spiele auf dem Zahlenweg und für Bewegungsspiele. Es ist sehr wichtig, dass sich Phasen der geistigen Konzentration mit Phasen der körperlichen Aktivität abwechseln. Auf dem Zahlenweg bewegen sich die Kinder vorwärts und rückwärts, sie erkunden in aller Ruhe die Zahlen, bleiben stehen und zählen dann weiter und spielen Würfelspiele. Durch die Bewegung lernen die Kinder besonders tiefgehend die Zahlenbilder erkennen und benennen, sie erleben die Reihenfolge der Zahlen, Addition und Subtraktion. Auch die wichtigen Vorgänger und Nachfolger werden ihnen spielerisch nahegebracht. Bewegungsspiele eignen sich gut, um auch eigene Ideen der Kinder umzusetzen.
  Bewegungsspiele sollten zur Zahl der Woche passen. Zur Sechs gibt es z.B. ein Spiel mit zwei sechsseitigen Würfeln: Der eine Würfel zeigt Bewegungen (Hampelmann, Rückwärts gehen ...), der andere bestimmt, wie oft diese Bewegungen ausgeführt werden sollen.

- **Zum Abschluss** – Am Ende des Besuchs bei der Sechs können die Kinder z.B. Ausmalbilder zur Zahl bearbeiten. Vielleicht wurde eine Art Tabelle erstellt, in die die Sechs nun eingetragen wird. Zum Schlussrefrain verabschieden sich die Kinder von den Zahlen und schaffen es vielleicht sogar im Lauf der Zeit, rückwärts aus dem *Zahlenland* auszureisen.
  In der Praxis zeigt sich, was die Kinder besonders anspricht und welche Anpassungen nötig sind. Es kann sich bei jedem Besuch im *Zahlenland* eine Eigendynamik entwickeln, die auch zugelassen werden sollte. Die Kinder haben ein sehr gutes Gefühl dafür, was sie brauchen und was ihnen gut tut. Vieles lässt sich auch in anderen Modulen aufgreifen, manches muss vielleicht weggelassen werden, weil es die Kinder nicht anspricht und sie (aktuell) andere Bedürfnisse haben.

2.2 Das mathe 2000-Frühförderprogramm

Erich Ch. Wittmann

Das *mathe 2000*-Frühförderprogramm wurde vor über 20 Jahren an der Technischen Universität Dortmund mit dem Ziel gegründet, ein schlüssiges Konzept für das Lernen von Mathematik von der Kindertageseinrichtung bis zum Abitur aus einem Guss zu entwickeln. Nach 15 Jahren intensiver Arbeit im Bereich der Grundschule, aus der das innovative Unterrichtswerk *Das Zahlenbuch* hervorging, stand die Entwicklung von Materialien für die mathematische Frühförderung im Mittelpunkt, die durch die Mitarbeit am Projekt Vom Klein-Sein zum Einstein wesentlich vorangebracht werden konnte und mit dem 2009 erscheinenden *Zahlenbuch für die Frühförderung* jetzt einen ersten Abschluss gefunden hat.

Im vorliegenden Beitrag werden zuerst die Grundideen des *mathe 2000*-Frühförderprogramms, seine zentralen Lerninhalte und das zugrundeliegende Lernkonzept dargestellt. Um anzudeuten, wie das Konzept praktisch umgesetzt werden kann, werden dann einige typische Lernumgebungen beschrieben.

Der Ansatz des Konzepts

Grundidee

Das *mathe 2000*-Frühförderprogramm unterscheidet sich von den meisten anderen Programmen dadurch, dass es eine bewusst mathematische Fundierung und einen klaren Bezug zu den Bildungsstandards Mathematik der Grundschule aufweist. Diesem Ansatz liegt die Überzeugung zugrunde, dass die Kinder die besten Lernfortschritte machen, wenn sie der Mathematik von Anfang an unverfälscht begegnen. Mathematik ist die Wissenschaft von schönen und nützlichen Mustern und Strukturen. Als solche muss sie von den Kindern von Klein auf erfahren werden. Folgender Ausschnitt aus einer Rede des Physik-Nobelpreisträgers Richard Feynman beschreibt, wie das bereits in frühem Alter erfolgen kann:

Mathematik heißt: auf Muster achten.

„Als ich noch sehr klein war und in einem Hochstuhl am Tisch aß, pflegte mein Vater mit mir nach dem Essen ein Spiel zu spielen. Er hatte aus einem Laden in Long Island eine Menge alter rechteckiger Fliesen mitgebracht. Wir stellten sie vertikal auf, eine neben die andere, und ich durfte die erste anstoßen und beobachten, wie die ganze Reihe umfiel. So weit, so gut. Als Nächstes wurde das Spiel verbessert. Die Fliesen hatten verschiedene Farben. Ich musste eine weiße aufstellen, dann zwei blaue, dann eine weiße, zwei blaue, usw. Wenn ich neben zwei blaue eine weitere blaue setzen wollte, bestand mein Vater auf einer weißen. Meine Mutter, die eine mitfühlende Frau ist, durchschaute die Absichten meines Vaters und sagte: ‚Mel, bitte lass den Jungen eine blaue Fliese aufstellen, wenn er es möchte. Er ist ja noch so klein.‘ Mein Vater erwiderte: ‚Nein, ich möchte, dass er auf Muster achtet. Das ist das Einzige, was ich in seinem jungen Alter für seine mathematische Erziehung tun kann.‘ Wenn ich einen Vortrag über die Frage ‚Was ist Mathematik?‘ halten müsste, hätte ich damit die Antwort schon gegeben: Mathematik heißt: auf Muster achten.“ (Feynman 1968, 313–320)

2	9	4
7	5	3
6	1	8

Abb. 2.3 Magisches Quadrat aus den Zahlen 1 bis 9. Die Summe der Zahlen in jeder Zeile, Spalte und Diagonale beträgt 15

Die Mathematik hat sich geschichtlich aus einfachen Zahlen- und Formenmustern entwickelt. Im Laufe von Jahrtausenden sind immer komplexere Muster entstanden, und der Grad der Abstraktion nahm dabei stetig zu. In einem ähnlichen Prozess baut das mathematische Denken jedes einzelnen Menschen auf einfache Grundmuster auf, deren Bedeutung für die weitere Entwicklung daher gar nicht hoch genug eingeschätzt werden kann: Ohne Verankerung in elementaren Mustern, die bereits vor der Schule ausgebildet werden können, steht die mathematische Bildung auf wackligen Beinen.

Für das Verständnis von Mathematik ist die Unterscheidung zweier Aspekte grundlegend: Die geschichtlichen Erfahrungen zeigen bis in die heutige Zeit, dass das Studium von Mustern und Strukturen um ihrer selbst willen, die *reine Mathematik*, die beste Vorbereitung für praktische Anwendungen, die *angewandte Mathematik*, ist. Entsprechend ist auch die Beschäftigung der Kinder mit rein mathematischen Spielen und Bauanleitungen der beste Weg, um sie für die Wahrnehmung von Zahlen und Formen in der Umwelt zu sensibilisieren.

Inhaltsbereiche

Das *mathe 2000*-Frühförderprogramm konzentriert sich auf die beiden Inhaltsbereiche Zahlen (Arithmetik) und Formen (Geometrie), die in der geschichtlichen Entwicklung der Mathematik seit frühesten Zeiten maßgebend waren und bis heute für das Mathematiklernen grundlegend sind. Es ist kein Zufall, dass gerade diese beiden Bereiche grundlegend sind. In den Neurowissenschaften mehren sich Hinweise darauf, dass das arithmetische und das geometrische Denken zwei unterschiedlichen Verarbeitungswegen des Gehirns entsprechen, die unterschiedlichen Gehirnregionen zuzuordnen sind:

- Einem für das regelhafte Operieren mit Ziffern, Zahlwörtern und Symbolen
- Einem für die ganzheitliche Erfassung und Bearbeitung von Formen und Bildern.

Diese beiden Verarbeitungswege sind allerdings nicht unabhängig voneinander.

Eine bedeutsame Schnittstelle bildet die Repräsentation der menschlichen Hand im Gehirn: Die Hand wird von je her sowohl zur symbolischen Verständigung (über Gesten) als auch zur Wahrnehmung von Formen (über das Betasten und Manipulieren von Objekten und Materialien) verwendet. Kleine Kinder setzen ihre Hände ein, um Erwachsenen Zeichen zu geben – die Zeige-Geste ist eine der ersten kommunikativen Gesten, die der Mensch entwickelt. Sie benutzen später ihre Finger als Gedächtnisstütze beim Zählen und Rechnen und sie erfassen viele Aspekte ihrer Umwelt – vor allem die Form von Objekten – von früh an mit den Händen.

Die fundamentale Bedeutung der Hände für die Entwicklung des Denkens geht daraus hervor, dass das Gehirn sie überproportional repräsentiert.

Wie wichtig die Hand für das Denken ist, zeigt ein Modell des menschlichen Körpers, in dem die Sinnesorgane (Auge, Ohr, Nase, Mund und Hand/Tastsinn) in dem Maße vergrößert sind, wie es der Anzahl der Nervenverbindungen zu jedem Organ entspricht. Die Hände sind in diesem Modell riesig groß. Im *mathe 2000*-Frühförderprogramm wurde dieser Tatsache entsprechend größter Wert auf das Zusammenspiel von Kopf, Auge und Hand gelegt. Handlungsbezogene geometrische Themen nehmen den gleichen Raum ein wie arithmetische Themen. Dass im Konzept auch das Herz nicht zu kurz kommt, werden die folgenden Praxisbeispiele zeigen.

Im Mittelpunkt der sprachlichen Frühförderung steht heute die Entwicklung der *phonologischen Bewusstheit*. Die Kinder sollen verstehen, wie sich die Sprache aus Lauten, Silben und Wörtern zusammensetzt. Analog zielt das *mathe 2000*-Frühförderprogramm auf die Entwicklung der *numerischen Bewusstheit* und der *Formbewusstheit* im Bereich der Mathematik ab und greift so die Unterscheidung zwischen Arithmetik und Geometrie auf.

Numerische Bewusstheit

Verschiedene Aspekte, die für die numerische Bewusstheit von Bedeutung sind, wurden bereits angesprochen (→ vgl. Kap. 1). Ergänzend sei an dieser Stelle vermerkt, dass zu einer umfassenden numerischen Bewusstheit auch die Einsicht gehört, dass Zahlen unterschiedliche Funktion haben können. Mit ihnen lassen sich Anzahlen (fünf Kinder), Rangplätze (der Fünfte), Maßzahlen (zehn Meter) oder Codes (Telefonnummer, PIN-Nummer) definieren. Kinder müssen diese unterschiedlichen Funktionen kennenlernen, um die Bedeutung von Zahlen für den Alltag zu verstehen.

Eine besonders wichtige Rolle spielt außerdem die Strukturierte Anzahlerfassung. Das ist die Fähigkeit, kleine Anzahlen nicht durch Stück-für-Stück-Zählen, sondern durch Untergliederung in überschaubare Teile zu bestimmen. Je besser ein Kind z.B. die Zahl 5 aus 3 + 2 oder 4 + 1, die Zahl 8 aus 4 + 4 oder 5 + 3 oder die Zahl 10 aus 5 +5 zusammensetzen und Zahlen entsprechend zerlegen kann, desto leichter, schneller und sicherer kann es später rechnen.

Abb. 2.4: Bei der strukturierten Anzahlerfassung lernen Kinder, dass sich größere Mengen in überschaubare Untermengen gliedern lassen

Formbewusstheit

Zur Formbewusstheit gehört vor allem, dass die Kinder lernen, bestimmte Grundformen zu unterscheiden: gerade Linie, Kreislinie, Spiralen, Dreiecke, Vierecke, Kugel, Würfel. Sich darin zu üben, diese Formen mit der Hand selbst zu zeichnen, unterstützt die Formbewusstheit nachhaltig, weil hier das Denken mit dem eigenen Handeln verknüpft wird.

Lernkonzept

Der Schweizer Psychologe Jean Piaget (1896 bis 1980) hat durch seine Forschungen gezeigt, dass mathematisches Wissen „keine vorgefertigte Sache" ist, die man den Kindern einfach beibringen kann. Sie müssen mathematisches Wissen vielmehr durch eigenes Tun erwerben. In der aktiven Bearbeitung erweist sich Mathematik weder als trocken noch als abweisend, sondern als lebendig und zugänglich. Auf „motivierende" Rahmengeschichten, wie sie in der Medienwelt heute üblich sind, wird im *mathe 2000*-Frühförderprogramm bewusst verzichtet. Es gibt darin keine Zahlenpuppen, die sprechen können, keine Fabelwesen und keine aus dem Fernsehen bekannten Figuren, die durch das Programm führen. So soll vermieden werden, dass „Verpackungen" die Kinder von der Mathematik ablenken. Es werden vielmehr die im Fach selbst liegenden Möglichkeiten zur Motivation genutzt, um den Aufbau einer echten Beziehung zur Mathematik zu fördern.

Alle Aufgaben im *mathe 2000*-Frühförderprogramm sind als Lernangebote zur fortwährenden Steigerung der Kräfte zu verstehen. Dies impliziert, dass Aufgaben nicht nur deshalb als zu schwer eingestuft werden sollten, weil sie die Kinder nicht gleich im ersten oder zweiten Versuch erfolgreich bearbeiten können. Der Einwand: „Das können die Kinder noch nicht", mit dem solche Aufgaben möglicherweise abgelehnt werden, stößt ins Leere, denn es geht nicht darum, dass die Kinder etwas *können*, sondern darum, dass sie es *lernen*. In diesem Sinne sind die Aufgaben als Mittel zum Zweck zu verstehen.

Beim Lernen kommt es nicht auf den sofortigen Erfolg bei den ersten Versuchen, sondern auf die Steigerung der Fähigkeiten an, die sich in der spielerischen Wiederholung und Übung automatisch ergibt.

Im sportlichen Training, beim Musizieren, bei der Einarbeitung in einen Beruf und beim Lernen einer Fremdsprache sind Wiederholung und Übung eine Selbstverständlichkeit. Niemand erwartet, dass eine sportliche Übung, das Spielen eines Musikstücks, die Erledigung einer Aufgabe in einer neuen Firma oder die Verständigung in einer Fremdsprache beim ersten Versuch gelingt. Diese Einstellung sollte auf die mathematische Frühförderung übertragen und den Kindern dieses grundlegende Lerngesetz möglichst früh bewusst werden.

Die Aufgaben im *mathe 2000*-Frühförderprogramm wurden so gewählt, dass jedes Kind damit etwas anfangen und sich im Weiteren steigern kann. Feste Maßstäbe für die Bewertung der Ergebnisse gibt es hier genauso wenig wie beim Laufen- und Sprechenlernen. Auch wenn Kinder bei ersten Versuchen an schwierigeren Aufgaben nur unvollkommene Resultate erzielen: Sie lernen dabei genauso dazu, wie sie bei ihren Lauf- und Sprechversuchen dazugelernt haben.

Der Aufbau einer spielerisch-optimistischen Grundeinstellung im Sinne von „Das kann ich schon" und „Das kann ich noch nicht, aber das werde ich noch hinkriegen" ist von zentraler Bedeutung. Wenn die Kinder spüren, dass man ihnen wenig zutraut und bestimmte Aufgaben von ihnen fernhält, trauen auch die Kinder sich wenig zu. Das Vertrauen der Kinder in ihr Lernvermögen zu stärken und sie zu eigenem Tun zu aktivieren ist das wichtigste allgemeine Ziel der Frühförderung. Die Kinder aus Überfürsorge von Aufgaben fernzuhalten, die sie nachweislich nicht überfordern, ist der größte Fehler, den man machen kann.

Das *mathe 2000*-Frühförderprogramm besteht aus einer Vielzahl von Aktivitäten, die flexibel in den alltäglichen Umgang mit Kindern eingebunden werden können. Für die Erprobung des Konzepts wurde ein 10-Wochenplan entwickelt, nach dem Erzieherinnen vorgehen können, um die Kinder gezielt an die Welt der Mathematik heranzuführen und die numerische Bewusstheit zu fördern (→ vgl. Anhang). Nachfolgend werden exemplarisch einige Lernumgebungen zur Förderung der numerischen Bewusstheit und der Formbewusstheit näher beschrieben. Eine vollständige Übersicht bietet das *Zahlenbuch für die Frühförderung* (→ vgl. Anhang).

Praxisbeispiele zur Förderung der numerischen Bewusstheit

Unterschiedliche Aspekte der numerischen Bewusstheit können durch folgende Spiele gezielt angesprochen werden.

Zahlenlied „Ich kann zählen"

Ich kann zählen mit den Zahlen:
Eins, zwei, drei, vier, fünf, sechs,
sieben, acht, neun, zehn, elf, zwölf.
Vorwärts, rückwärts, rauf und runter.
Zwölf, elf, zehn, neun, acht, sieben,
sechs, fünf, vier, drei, zwei, eins.

Das Lied ahmt das Auf und Ab in der Zahlenreihe durch das Auf und Ab in der Tonleiter nach. Es empfiehlt sich, das Lied (auf CD erhältlich, → vgl. Anhang) nicht nur zu singen, sondern es auch in Bewegung umzusetzen. Dazu kann man an zwölf Kinder „Zahlenfliesen" von eins bis zwölf verteilen. Wenn die Zahlenreihe aufwärts gesungen wird, hebt das Kind dann, wenn „seine" Zahl dran ist, seine Fliese hoch, und senkt sie an der betreffenden Stelle wieder, wenn die Zahlenreihe abwärts gesungen wird.

Das Lied wird immer wieder gesungen und eignet sich auch dazu, aufgeführt zu werden, insbesondere bei Festen der Kindertageseinrichtung. Schon die Kleinen können zuhören und mitsingen. In dem Lied geht es um Zahlen bis zwölf, um den Kindern den Zehnerübergang zu erleichtern. Das Lied zielt darauf ab, dass Kinder die Zahlenabfolge in beide Richtungen üben. In Kombination mit den Zahlenfliesen lernen die Kinder darüber hinaus, die Zahlenworte mit Zahlensymbolen zu verknüpfen.

Spiel „Voll besetzt“

Für dieses Spiel legen die Kinder auf dem Boden zwei verschiedenfarbige Häuser aus Teppichfliesen. Die sechs Zimmer jedes Hauses sind mit den Symbolen und Würfelbildern der Zahlen eins bis sechs gekennzeichnet.

Das Spiel wird in zwei Mannschaften gespielt, die gegeneinander antreten. Jede Mannschaft besteht aus sechs Kindern, die in das Haus einziehen wollen. Die anderen Kinder würfeln abwechselnd. Wird eine bestimmte Zahl von einer Mannschaft gewürfelt, so darf eines der Kinder dieser Mannschaft in das Haus einziehen (falls das passende Zimmer noch frei ist). Wird die Zahl eines Zimmers gewürfelt, das schon besetzt ist, geht der Würfel wieder an die anderen.

Das Spiel fördert das Erkennen von Zahlensymbolen (als Würfelbilder und Ziffern) sowie die Verknüpfung mit den Zahlenworten und vertieft so die numerische Bewusstheit.

Wie die Erfahrungen gezeigt haben, kann dieses Spiel schon mit kleinen Kindern (ab etwa zwei Jahren) gespielt werden, wenn man sich auf Häuser mit nur drei Zimmern beschränkt und einen Würfel benutzt, bei dem jede der Zahlen eins bis drei doppelt vorkommt.

Erinnerungsspiel „Schauen und Merken“

Für dieses Spiel wurden Spielkarten entwickelt, auf denen eine bis sechs Ameisen, Bienen, Käfer und Schmetterlinge abgebildet sind. Die Anordnung der Insekten ist jeweils unterschiedlich. So sind sechs Ameisen in zwei Gruppen (4 + 2) gegliedert, sechs Schmetterlinge in drei Gruppen (3 + 1 + 2). Das Spiel folgt den Regeln des bekannten Memory-Spiels.

In der einfachsten Version wird es mit zwölf Karten, z.B. den sechs Bienenkarten und den sechs Käferkarten gespielt. Es können zwei bis vier Kinder mitspielen. Die Karten werden verdeckt auf den Tisch gelegt. Wer dran ist, darf zwei Karten umdrehen und als Paar an sich nehmen, wenn die Anzahlen gleich sind (unabhängig von der Anordnung). Ansonsten muss er die Karten an derselben Stelle wieder um-

Abb. 2.5: Erinnerungsspiel „Schauen und Merken"

drehen. Anders als bei Memory darf ein Spieler aber nicht ein zweites Mal Karten umdrehen, wenn er ein Paar gefunden hat. Da es nur zwölf Karten sind, wäre das Spiel sonst sehr schnell beendet. Bei diesem Spiel übt das Kind das Abstraktionsprinzip des Zählens und die Strukturierte Anzahlerfassung.

Denkspiel „Rot gegen Blau"

Hierbei handelt es sich um ein strategisches Spiel für zwei Spieler oder Gruppen, bei dem Gewinn und Verlust nicht vom Zufall, sondern davon abhängen, ob man als erster oder zweiter Spieler beginnt und ob man geschickt spielt. Das Spiel vertieft die Kenntnis der Kinder über die Zahlenreihe. Die Regeln dieses Denkspiels sind einfach:

Ein Abschnitt der Zahlenreihe von eins bis zu einer Zielzahl wird als Spielfeld benutzt. Ein Kind wählt die rote, das andere die blaue Farbe. Die Kinder legen bei jedem Spielzug von der Eins (Start) beginnend abwechselnd ein oder zwei Plättchen ihrer Farbe der Reihe nach hin. Wer die Zielzahl erreicht, gewinnt. Die Kenntnis der Zahlenreihe ist keine Voraussetzung, um mitspielen zu können. Die Kinder müssen lediglich ein oder zwei Plättchen legen können. Viel wichtiger ist es, das strategische und vorausschauende Denken zu üben.

Bei dem Spielplan mit der Zielzahl Zehn wird in der Regel schnell erkannt, dass die Position sieben eine besondere Bedeutung hat. Wer auf diese Zahl kommt, lässt dem Partner keine Chance, denn legt dieser zwei Plättchen, führt das Legen eines Plättchens auf die Zielzahl Zehn, und wenn der Partner nur ein Plättchen legt, führt das Legen von zwei Plättchen auf die Zehn.

Abb. 2.6: Denkspiel „Rot gegen Blau"

Im Spiel lernen die Kinder die Zahlenreihe immer besser kennen. Wenn sie gewinnen wollen, müssen sie planvoll vorgehen. Dies verlangt Konzentration und geistige Disziplin.

Praxisbeispiele zur Förderung der Formbewusstheit

Das *mathe 2000*-Frühförderprogramm bietet auch eine Vielzahl von Aktivitäten zur Förderung der Formbewusstheit, von denen nachfolgend drei näher beschrieben werden.

Achtfach geteilter Würfel

Friedrich Fröbel (1782 bis 1852) hat vor 170 Jahren mit seinen Spielgaben Maßstäbe für die geometrische Frühförderung gesetzt, die bis heute gültig sind und im *mathe 2000*-Frühförderprogramm einen großen Raum einnehmen. Bei der dritten Fröbelschen Spielgabe, dem achtfach geteilten Würfel, handelt es sich um acht gleichgroße Holzwürfel, die zu einem großen Würfel zusammengesetzt werden können. Dieses Material verkörpert wie in einer Nussschale den dreidimensionalen Raum. Fröbel weist in der Begleitschrift zu diesem Material auf seine Verwandlungsfähigkeit hin und demonstriert an zahlreichen Zeichnungen, wie der große Würfel schrittweise in Hälften, Viertel und acht einzelne Teile zerlegt werden kann. Er spricht hier von *Erkenntnisformen.* Natürlich lassen sich aus den

Abb. 2.7: Achtfach geteilter Würfel aufgebaut als „Lebensform Turm"

acht Würfelteilen auch reale Objekte nachbauen, z.B. ein Stuhl, Turm oder Tor, die Fröbel *Lebensformen* nennt. Daneben legt er auch großen Wert auf *Schönheitsformen*. Das sind Anordnungen der acht Würfel zu geometrischen Mustern. Fröbel war sich also wohl schon des reinen Aspekts der Mathematik bewusst.

Abb. 2.8: Achtfach geteilter Würfel als „Schönheitsform regelmäßiges Achteck gelegt"

Formenzeichenkurs

Fotos inspirieren die Kinder, geometrische Grundformen sowie Formen wiederholt zu zeichnen, was für das Schreiben von Ziffern und Buchstaben wichtig ist. Z.B. regt ein Foto, auf dem ein Kind Seifenblasen erzeugt, das Zeichnen bunter Kreise unterschiedlicher Größe an, ein Foto mit einem Schneckenhaus das Zeichnen von Schneckenlinien.

Papier falten

Formen können auch selbst hergestellt werden, indem das Kind sie von Vorlagen nachzeichnet oder aus Papier faltet. Ein besonders interessanter Effekt beim Papierfalten besteht darin, dass Formen durch Falten in andere überführt und wieder rückgängig gemacht werden können. Bei Aktivitäten wie Zeichnen und Falten ist das Kind nicht nur mit dem Kopf, sondern auch mit den Händen dabei. Kopf und Körper arbeiten zusammen, um sich die Welt der Formen und anderer geometrischer Eigenschaften von Körpern, z.B. der Symmetrie, zu erschließen.

Wie die Beispiele andeuten, bereitet das *mathe 2000*-Frühförderprogramm in voller Breite auf den Mathematikunterricht der Grundschule vor und ermöglicht den Kindern dort einen fliegenden Start. Die Kinder erwerben in diesem Programm nicht nur Grundwissen über

Zahlen und Formen, sondern lernen auch, mit Zahlen und Formen in mathematisch sinnvollen Zusammenhängen nach mathematischen Regeln zielgerichtet umzugehen. Besonderer Nachdruck liegt auf der Entwicklung der strukturierten Anzahlerfassung, mit der dem zählenden Rechnen vorgebeugt wird.

Mit dem *Zahlenbuch* steht erstmals ein durchgehendes Werk zu Verfügung, das den Kindern in der Mathematik vom Kindergarten bis ans Ende der Grundschulzeit eine Lernbiographie ohne Brüche ermöglicht. Das Werk genügt damit der Forderung nach einem Bildungsverlauf von unten nach oben auf der Grundlage gleicher Prinzipien, der als wichtiger Beitrag zur Steigerung der Bildungseffizienz angesehen wird (Fthenakis, 2008).

2.3 Die Schaffung einer guten Lernumgebung

Viktoria Herber

Mathematik ist überall

Die Förderung der mathematischen Bildung ist nicht prinzipiell an bestimmte Programme oder Materialien gebunden. Der erste Schritt auf dem Weg zur Mathematik besteht darin, Formen, Muster und Mengen in der Umgebung zu entdecken und Kinder darauf aufmerksam zu machen. Kinder erschließen sich die Welt der Mathematik kontinuierlich, indem sie diese Aspekte zunehmend bewusst wahrnehmen. Sie brauchen eine Vielfalt von Erlebnissen an unterschiedlichen Orten, mit verschiedenen Menschen und Gegenständen, um diesen Zugang zu finden. Sie brauchen auch Erwachsene, die ihre Augen gezielt auf entsprechende Aspekte in der Umwelt lenken und ihnen helfen, ihre Gedanken in Worte zu fassen.

Zahlen und Mengen, Muster und Formen im Alltag bewusst wahrzunehmen, bedeutet, sich mit der Mathematik vertraut zu machen.

Fachkräfte in Kindertageseinrichtungen können die Kinder unterstützen, dieses Bewusstsein zu entwickeln, indem sie mit ihnen über themenrelevante Alltagsbeobachtungen sprechen und mathematische Aspekte in der Einrichtung leicht sichtbar machen:

- Treppenstufen werden durch Aufkleben oder -malen von Ziffern zu einer Zahlenreihe.
- Geburtstage werden auf einem Wandkalender im Gruppenraum markiert.
- Eine große Uhr an der Wand bietet Gelegenheit zu sehen, wie die Zeit in Zahlen gemessen wird.

Abb. 2.9: Mathematik im Alltag – die Geburtstage der Kinder sind auf einem Wandkalender markiert

Gestaltung von Lernorten

Um die Erfahrungen der Kinder zu bündeln und selbsttätiges Forschen gezielt zu unterstützen, lohnt es sich, über die Einrichtung von Lernorten für Mathematik nachzudenken. Ein Lernort ist ein Platz in der Kindertageseinrichtung, an dem die Kinder zuverlässig Material vorfinden, das der Auseinandersetzung mit einem bestimmten Themenbereich dient (→ Kap. 5.5 und im Anhang).

Kinder sollten bei der Einrichtung von Lernorten Mitspracherechte haben. Sie können am besten mitreden, wenn sich die Gruppe schon länger intensiv mit dem Thema Mathematik befasst hat. Dafür eignen sich Fragen wie:

- Wo soll die Mathe-Ecke entstehen?
- Welche Materialien gehören dort hin?
- Was kann man von zu Hause mitbringen?

Abb. 2.10: Organisation von Lernmaterial in der Kindertageseinrichtung

Am Lernort sollten die Materialien für die Kinder gut zugänglich und erkennbar sein. Zur Aufbewahrung eignen sich offene Regale, stapelbare Plastikgefäße, auf die geeignete Größe zugeschnittene Plastikflaschen oder Körbe. Optimal sind Regale mit übersichtlich angeordneten und herausnehmbaren Boxen.

Günstigstenfalls sind die Materialien bereits so geordnet, dass sie die Kinder zu bestimmten Aktivitäten anregen. Es geht also nicht darum, irgendwelche Gegenstände in eine Kiste zu legen, wenn man die Kinder zum Zählen animieren möchte. Durch intelligente Gestaltung und Anordnung von Materialien können bestimmte Kompetenzen gezielt gefördert werden. Was damit konkret gemeint ist, wird später genauer erläutert.

Zusammen mit den Kindern können eigene Ordnungs- und Beschriftungssysteme gestaltet werden. Sinnvoll ist es beispielsweise, wenn die Materialien für schwierigere Aufgaben weiter oben platziert werden als die Materialien für leichtere Aufgaben, weil die schwierigeren Aufgaben für die größeren Kinder gedacht sind.

Wurde das Ordnungssystem gemeinsam mit den Kindern entwickelt, sind diese eher gewillt, aufzuräumen, weil sie sich mit ihrer Ordnung gut auskennen.

Besondere Herausforderungen stellt die Auswahl der Inhalte der einzelnen Boxen oder Schubladen in der Mathe-Ecke dar. Grundsätzlich gilt die Regel: Weniger ist mehr. Kleine Mengen übersichtlich platzierter Materialien regen eher zur Beschäftigung an als überfüllte Boxen.

Gestaltung von Lernumgebungen

Lernumgebungen sind mehr als Materialsammlungen an bestimmten Lernorten. Eine zentrale Rolle spielt die Erfahrung, die Kinder in ihrer aktiven Auseinandersetzung mit Lernmaterial machen: Die Freiheit, Material und Tätigkeiten selbst wählen zu können, trägt zu einer guten Lernumgebung ebenso bei wie eine Atmosphäre des Wohlbefindens, die durch gemeinsam definierte Regeln und die Unterstützung durch Erzieherinnen entsteht (→ vgl. Kap. 5.5).

Folglich geht es auch um die Frage, wie Erzieherinnen Kinder dazu anregen können, sich mit dem zur Verfügung gestellten Material zu beschäftigen. Nachfolgend finden sich verschiedene Beispiele dafür, wie sich Lernumgebungen mit Materialien gestalten lassen, die in jeder Kindertageseinrichtung vorhanden sind. Diese Beispiele verstehen sich als Ergänzung zu den Aktivitäten, die bereits im Rahmen der Darstellung der beiden Förderprogramme *Komm mit ins Zahlenland* und *mathe 2000* angesprochen wurden.

Sortieren, Klassifizieren und Ordnen

Einen guten Einstieg in das mathematische Denken bildet die Sortierung. Zu diesem Zweck stehen verschiedene Boxen zur Verfügung, die auf dem Boden oder in Regalen platziert werden können. Um sie zu bestücken, sind Naturmaterialien besonders geeignet, weil sie eine natürliche Variation in Größe, Form und Farbe zeigen: Eicheln, Nüsse, Kieferzapfen, Steine etc., aber auch Alltagsgegenstände wie Knöpfe, Perlen, Schrauben, Muttern, Stifte oder Münzen sind für das Sortieren brauchbar. Gleiches gilt für Gegenstände aus der Spielzeugecke: Muggelsteine, Spielzeugautos, Puzzle-Teile, Klötze oder Legematerialien.

Sortieraufgaben mit aufsteigendem Schwierigkeitsgrad

In einer ersten Box liegen z.B. nur zehn große und zehn kleine Bohnen, die das Kind in zwei Gruppen sortieren kann. Weiter geht es mit der Sortierung nach zwei Dimensionen: In einer zweiten Box liegen noch einmal zehn große und zehn kleine Bohnen, aber es kommen noch weitere Gegenstände dazu, z.B. Steine. Davon gibt es ebenfalls

Abb. 2.11: Die Kombination mehreren Farben und Formen führt zur Steigerung des Schwierigkeitsgrades.

große und kleine. Hier muss das Kind nach beiden Kriterien gleichzeitig sortieren: nach der Art und nach der Größe. Die Materialien lassen sich auch nach beliebigen anderen Kriterien sortieren, z.B. nach ihrer Farbe, Helligkeit oder ihrer Form.

Gleichgültig, welches Material und welche Kriterien man wählt - es gilt auf die Steigerung der Schwierigkeiten von Box zu Box zu achten.

Sortierung zur Förderung der Formbewusstheit

Auch die Formbewusstheit lässt sich durch Sortier-Boxen sehr gut fördern: In der ersten Box beginnt das Kind mit zwei unterschiedlichen Formen einer Größe und Farbe, z.B. kleine rote Kreise und kleine rote Dreiecke. Dann geht es weiter mit dem Sortieren nach zwei Dimensionen, z.B. Form und Farbe. In der letzten Box einer Reihe befinden sich verschiedene Formen unterschiedlicher Farbe und Größe bunt durchmischt. Hier geht es dann schon um die Kategorisierung auf mehreren Ebenen.

Kategorisierung unterschiedlicher Materialien

Bei Kategorisierungsaufgaben können Spielzeuge, Sortiermaterialien oder selbst erstellte Sammlungen zusammen in eine Box gelegt werden. Die Herausforderung besteht darin, Gegenstände einer Kategorie zu erkennen und auszusortieren. Gegenstände, die gleiche oder ähnliche Merkmale haben, oder die einer ganzen Reihe von Bedingungen genügen, werden in Klassen zusammengefasst. Für Kinder im Kindergartenalter ist es eine große Leistung, die Abstraktion erfordert, wenn sie Objekte einer bestimmten Art aus anderen heraussuchen sollen.

Diese Art der Tätigkeit schult das Erkennen von Ähnlichkeiten und Unterschieden sowie die Flexibilität im Denken. Es dient damit dem mathematischen und dem naturwissenschaftlichen Denken.

Kombinationen mehrerer Merkmale sind schwieriger zu erkennen, und es ist wichtig, dass der Prozess der Kategorienbildung in der Gruppe reflektiert werden kann. Die Verbalisierung schafft einen wichtigen Übergang zur Begriffsbildung und fördert somit das Abstraktionsvermögen der Kinder.

Kategorisieren durch Aufräumen

Die Erzieherinnen können aus dem täglichen Aufräumen ein Kategorisierungsspiel machen, indem sie die Kinder fragen, was wohin gehört und warum nicht woanders hin. Die Fragen helfen den Kindern, sich der Kriterien bewusst zu werden, die sie anlegen, um zu entscheiden, was wozu gehört.

Geht es um kleine Gegenstände, die aufgeräumt werden müssen, stellen die Erzieherinnen die Boxen mit passendem Material vor die Kinder oder öffnen alle Schubladen, damit die Kinder den Inhalt sehen können. Das hilft ihnen, Dinge ähnlicher Art zu finden. Auch so wird die Kategorisierungsfähigkeit gefördert.

Von der Sortierung zur Reihenbildung

Enthalten die Boxen Naturmaterialien wie Steine, Muscheln, Nüsse oder Tannenzapfen, die von sich aus eine breite Variationsvielfalt aufweisen, so kann das Kind hierbei lernen, abgestufte Reihen zu bilden, z.B. nach Größe, Helligkeit oder anderen Kriterien.

Das Kind beginnt damit, von einzelnen Materialien Paare zu suchen. Weiter geht es mit dem Sortieren in grobe Klassen: große und kleine Bohnen, helle und dunkle Erbsen. Am Ende steht das Bilden von Reihen, z.B. vom kleinsten bis zum größten Gegenstand der gleichen Art.

Abb. 2.12: Bei der Reihenbildung lernen Kinder Größenverhältnisse in der richtigen Reihenfolge kennen

Für die Reihenbildung sind z.B. folgende Materialien aus der Spielzeugecke geeignet: ineinander passende Becher, Montessori Material, ein Steckbrett oder eine Pyramide aus unterschiedlich großen Scheiben zum Aufstecken.

Auch Alltagsgegenstände wie etwa Schuhe oder die Kinder selbst können der Größe nach aufgestellt werden.

Die Zahlenreihe

Die einfache Reihenbildung von Gegenständen hilft den Kindern zu erkennen, dass jedes Ding in einer Reihe seinen festen Platz hat. Das gilt auch für Zahlen, wobei die Zahlen abstrakte Symbole für Mengen darstellen. In Kapitel 1 ist bereits beschrieben worden, dass Säuglinge Anzahlen unterscheiden können, weil sie sich an quantitativen Größen orientieren, z.B. am Anteil der Fläche, die eingenommen wird. Sie verfügen also bereits über einen *intuitiven Mengensinn*, der sich im Verlauf der frühen Kindheit weiter ausdifferenziert.

Wie Ziffernsymbole zu lesen sind und was sie bedeuten, können die Kinder nur unter Anleitung lernen. Indem Erzieherinnen mit den Kindern üben, zu den Ziffernkarten, die sie zunächst in die richtige Reihenfolge legen, die richtigen Zahlwörter zu sagen und jeweils eine passende Anzahl von Gegenständen zu legen, üben sie spielerisch das Mengenverständnis und die Zuordnung von Ziffern zu Zahlenworten und Mengen.

Auch hierfür kann man eine Box vorbereiten. Darin sollten selbstgebastelte Kärtchen mit Ziffern liegen und von jedem Gegenstand eine genügend große Anzahl, damit eine Zuordnung vorgenommen werden kann.

Musterbildung

Abb. 2.13: Zuordnung von Ziffern zu Zahlenworten und Mengen

Eine wichtige Rolle in der Mathematik spielt die Bildung von Musterreihen. Hier wird eine Reihe nach logischen Kriterien gelegt. Dies fördert bei Kindern das Erkennen von übergeordneten Gesetzmäßigkeiten. Die Bildung logischer Reihen lässt sich mit allen möglichen Materialien üben.

In der Lernumgebung lassen sich unterschiedliche Materialien platzieren, aus denen Muster entwickelt und fortgesetzt werden können. Man kann z.B. zwei dunkle, dann zwei weiße, dann wieder zwei dunkle Bohnen auslegen und die Kinder auffordern, diese Muster fortzusetzen. Die Musterbildung lässt sich leicht auch beim Basteln und Malen üben – überall da, wo die Kinder selbst gestaltend wirksam werden. Hierbei wird gleichzeitig das Zählen geübt, da man von bestimmten Formen oder Gegenständen eine definierte Anzahl zur Fortsetzung des Musters benötigt.

Zählen

Die Gestaltung der Zahlen aus Knete, Karton oder Teig sowie gemalte oder ausgeschnittene Zahlen helfen den Kindern, Zahlensymbole zu identifizieren und mit gehörten Zahlenworten zu verknüpfen.

Beim Zählen ist grundsätzlich darauf zu achten, dass Dinge nur einmal gezählt werden (Eins-zu-Eins-Zuordnung). Um diese Einsicht zu unterstützen, kann man Kindern eine volle und eine leere Box geben. Jedes gezählte Objekt wird von der vollen in die leere Box gelegt. Man kann zu diesem Zweck statt Boxen auch Gläser verwenden. Ein Vorteil besteht darin, dass die Menge und die Mengenveränderungen in beiden Gläsern stets sichtbar bleiben. Später, wenn das Kind schon gut geübt in der Eins-zu-Eins Zuordnung ist, kommt man auch ohne Boxen

Abb. 2.14: Zwei Türme aus vier großen und kleinen Klötzen

oder Gläser aus. Die Kinder sollen die Objekte dann einfach von der vollen zur leeren Seite schieben. Es ist grundsätzlich wichtig, sich ein genaues Bild davon zu machen, was ein Kind schon kann und was nicht. Nur dann ist es der Erzieherin möglich, den richtigen Entwicklungsimpuls zu geben.

Mengen erfassen

Aufbauend auf der genetisch angelegten Fähigkeit, kleine Menge erfassen und unterscheiden zu können, beginnen Kinder relativ früh, sich mit der Frage *Wie viel?* auseinander zu setzen. Erzieherinnen unterstützen den Prozess, indem sie im Alltag immer wieder diese Frage stellen oder Mengenvergleiche vornehmen.

Hilfreich sind dabei alle Gegenstände, die man abzählen und zum Vergleich zweier unterschiedlicher Mengen nebeneinanderlegen kann. Es empfiehlt sich, mit kleinen und gut zählbaren Mengen bis fünf zu beginnen, die Kinder noch auf einen Blick erfassen können. Später kann man den Zahlenraum erst bis zehn, dann bis 15 und schließlich bis 20 erweitern.

Gegenstände aus allen beschriebenen Bereichen sind für entsprechende Übungen geeignet: Steine, Perlen, Erbsen, Bohnen, Autos, Puppen, etc. Zählt man gleichgroße Klötze und legt diese nicht nebeneinander, sondern aufeinander, wird die visuelle Verbindung zwischen Größe und Zahl gefördert. Je größer die Zahl desto höher der Turm. Diese Erkenntnis entspricht dem Ordinalitätsprinzip (→ vgl. Kap. 1).

Spielt man dieses Spiel mit unterschiedlich großen Klötzen, sieht die Sache anders aus: Bei vier großen Klötzen wird der Turm wesentlich höher als bei vier kleinen Klötzen.

Die Anzahl ist gleich, aber die Türme unterscheiden sich. Für die Kinder ist es eine sehr wichtige Erfahrung, zu sehen, dass unter Umständen die Anzahl von Elementen, die zu einer Menge gehören, größer ist als die Anzahl von Elementen einer anderen Menge, obwohl es sich beim Volumen umgekehrt verhält.

Es gehört zur Abstraktion des Zahlenbegriffs, dass die Kinder zwei Dinge gleichzeitig verstehen:

- Je größer die Anzahl von einer bestimmten Art von Objekt (z.B. Bauklötze) ist, desto mehr Raum nimmt die Gesamtmenge ein.
- Mengen gleicher Anzahl können durchaus unterschiedlichen Raum einnehmen – je nach Größe der Elemente, aus denen sich die Menge zusammensetzt.

Damit sich dieses doppelte Verständnis der Beziehung zwischen Anzahl/Größe einer Menge und ihrem Raumbedarf entwickeln kann, brauchen Kinder Situationen, in denen der Vergleich von Anzahl und Volumen zu unterschiedlichen Urteilen führt. Erzieherinnen können im Spiel solche Situationen erzeugen und mit den Kindern zusammen überlegen, wieso der Turm aus vier großen Klötzen höher ist als der Nachbarturm aus vier kleinen Klötzen, während zwei Türme, die aus derselben Art von Klötzen gebaut sind, umso höher sind, je mehr Klötze aufeinandergestapelt werden.

Vergleichen und Messen

Wenn das einfache Abzählen nicht mehr ausreicht, greift man nach anderen Instrumenten zur Feststellung: *Wo ist mehr?* In der Lernumgebung sollen verschiedene Messinstrumente vorhanden sein. Unterschiedliche Waagen, Messbecher oder Metermaße helfen, die Dimensionen Größe, Gewicht und Volumen zu bestimmen.

Abb. 2.15: Verschiedene Messinstrumente

Als Einstieg eignen sich Gegenstände, die auf einer Dimension gemessen werden können. Das gilt zum Beispiel für die Höhe der beiden Türme aus dem obigen Beispiel, die sich unter anderem mit einem Lineal oder einem Meterstab bestimmen lässt. Zunächst genügt es allerdings auch, die Türme nebeneinanderzustellen und ihre Höhe auf dem Lineal oder Meterstab mit Tesafilm zu markieren. Mit einer einfachen Schnur kann dann die Länge bis zur Markierung erfasst werden. Bei einer kurzen Schnur zählt man, wie oft die Schnur in den markierten Längenabschnitt passt. Unterschiedlich lange Schnüre führen zu einem spannenden Spiel, bei dem Kinder das wichtige Prinzip der Vergleichbarkeit von Messinstrumenten erforschen können.

Durch den spielerischen Umgang mit Mengenvergleichen finden Kinder einen Zugang zu Messinstrumenten.

Messen kann man aber nicht nur die Größe von Objekten, sondern z.B. auch das Volumen unzählbarer Mengen wie Sand, Wasser, Mehl oder Zucker. Hier können unterschiedlich große Gefäße als Messeinheit dienen, z.B. Tassen oder Messbecher.

Ob beim Kaufladen-Spiel, in der Wasserwerkstatt oder beim Backen in der Küche – überall bieten sich Gelegenheiten, Vergleiche anzustellen. Fördert man Gespräche über diese Vergleiche untereinander, entwickeln die Kinder vielleicht sogar Ideen, wie man eigene Messinstrumente herstellen kann.

Das Thema Messen eignet sich in besonderer Weise, mathematisches Wissen über Zahlen und Skalen mit naturwissenschaftlichen Experimenten in Verbindung zu bringen (→ Epilog).

Begleitung beim Selbstbildungsprozess der Kinder

Wie die bisherigen Ausführungen deutlich machen, hat eine Erzieherin prinzipiell verschiedene Möglichkeiten, Kinder in ihrer mathematischen Bildung zu unterstützen.

- Sie kann ein Förderkonzept wie *Komm mit ins Zahlenland* oder *mathe 2000* in der Kindertageseinrichtung umsetzen und dabei aktiv Impulse für die Beschäftigung mit vorgesehenen Materialien oder Aktivitäten geben.
- Sie kann den Selbstbildungsprozess der Kinder unterstützen und dabei eher begleitend die Beschäftigung der Kinder mit mathematisch relevantem Material fördern.

Wer eines der Förderkonzepte umsetzt, kann sich an den dortigen Anleitungen für Spiele und Aktivitäten orientieren. Besonders spannend ist es jedoch, selbst Lernumgebungen zu schaffen, wie sie oben beschrieben sind, und den Blick für die Kompetenzen der Kinder so zu schärfen, dass sie den nächsten Schritt selbst tun.

Impulse durch die Erzieherinnen

Idealerweise verfügt die Erzieherin über Kompetenzen, die es ihr ermöglichen, entspannt mit beiden Formen der pädagogischen Begleitung zu jonglieren und eine Balance für jedes einzelne Kind zu schaffen. Die Voraussetzungen dafür lassen sich am ehesten schaffen, wenn in regelmäßigen Abständen Fortbildungen zum Thema besucht und die entsprechenden Inhalte in der Kindertageseinrichtung umgesetzt und reflektiert werden. So erhält man viele unterschiedliche Anregungen zur Spiel- und Materialgestaltung.

Mit der Zeit wächst die Erfahrung, welche Aktivitäten Kindern bei der Ausbildung mathematischer Fähigkeiten helfen.

Die intensive und wiederholte Beschäftigung mit entwicklungspsychologischen Grundlagen des mathematischen Denkens hilft, den Blick für den Entwicklungsstand der Kinder zu schärfen und zu erkennen, wie jedes einzelne Kind in seiner individuellen Entwicklung am besten unterstützt werden kann. Einige Kinder wollen alles selbst ausprobieren und herausfinden, die anderen hören gleich bei einer aufgetretenen Schwierigkeit auf, wieder andere verweilen stundenlang in der Kreativecke und freuen sich, wenn die Impulse von Erzieherinnen kommen.

Eine zurückhaltende, begleitende und trotzdem interessierte Haltung der Erzieherinnen ist grundsätzlich wichtig, um jedes einzelne Kind entsprechend seiner Entwicklungsstufe fördern zu können. Häufig stehen folgende Fragen im Raum:

- Greift man in den Selbst-Bildungsprozess der Kinder ein?
- Wartet man am besten, bis Kinder mit eigenen Fragen kommen?

Diese Fragen lassen sich nicht pauschal beantworten, vielmehr muss jede Erzieherin mit der Zeit ein Feingefühl dafür entwickeln, solche Entscheidungen im Interesse der Kinder zu fällen.

Reflexion im Team

- Welche Altersgruppe profitiert am meisten von Mathematik?
- Welche Bereiche sind für Kinder besonders interessant?
- Wo brauchen sie Unterstützung?
- Wie werde ich als Fachkraft den Anforderungen der Schule und Eltern gerecht?

Diese Fragen begleiten das Team während der Umsetzung und werden durch die verschiedenen Erfahrungen immer wieder neu bewertet. Diese Auseinandersetzung hilft Fachkräften, Schwächen und Stärken der Kinder oder der ganzen Altersgruppe besser zu erkennen sowie gezielt Impulse aus den Förderprogrammen und Elementen der Mathe-Lernumgebung zu setzen, ohne das Kind als Verantwortlichen für den eigenen Bildungsprozess zu beeinträchtigen.

Es ist für die Erzieherinnen sehr wichtig, das eigene Tun und die eigenen Beobachtungen immer wieder im Team zu reflektieren.

Regelmäßige Treffen mit den Kolleginnen, die sich mit vergleichbaren Fragen auseinandersetzen, schaffen eine gemeinsame Basis zur Reflexion des eigenen Verhaltens und der Haltung dem Kind und seinen Aktivitäten gegenüber. Sie tragen dazu bei, ein gewisses Vertrauen und Offenheit untereinander zu schaffen, so dass auch kritische Fragen besprochen werden können.

Abb. 2.9: Durch gemeinsame Reflexion gewinnt die Frühförderung an Qualität

Oft ist die Weiterführung der Mathematik in der Schule ein wichtiges Thema, das unter Beteiligung der Grundschullehrerinnen diskutiert werden kann. Inhaltliche Abstimmung und gemeinsames Interesse an dem Thema sichern die Nachhaltigkeit, fördern das Überdenken und die Reflexion der mathematischen Frühförderung und steigern dadurch ihre Qualität.

3 Die Wirksamkeit mathematischer Förderung in der Kindertageseinrichtung

Sabina Pauen

Es ist eine Sache, sich aufgrund der eigenen Erfahrung oder auf der Basis pädagogischer und fachdidaktischer Argumente zu überlegen, was Kindern den Zugang zur Mathematik erleichtern kann, und eine andere Sache, mit wissenschaftlichen Methoden zu überprüfen, ob ein Förderkonzept auch wirklich effektiv ist. Gerade in einer Zeit, in der immer mehr Bildungsprogramme auf den Markt kommen, kann man nur schwer beurteilen, ob diese Programme halten, was sie versprechen. Das zu wissen, scheint jedoch durchaus bedeutsam, denn immerhin kostet es in der Regel viel Mühe und Engagement, ein Förderkonzept anzuwenden, und diese Mühe soll sich lohnen.

Das vorliegende Kapitel behandelt einen kleinen Ausschnitt aus einem umfassenden Evaluationsbericht, der Ergebnisse zur Untersuchung der Wirksamkeit der beiden näher dargestellten Förderkonzepte – *Komm mit ins Zahlenland* und *mathe-2000* – zusammenfasst. Der vollständige Evaluationsbericht kann im Internet abgerufen werden (→ vgl. Anhang). Er thematisiert auch die Effekte der Projektarbeit auf die Fachkräfte einer Kindertageseinrichtung und auf die Eltern.

Aus Platzgründen wird nur derjenige Teil der Auswertung vorgestellt, der sich auf die Kinder bezieht. Dabei steht die Frage im Zentrum, ob die Kinder durch Teilnahme an einem der genannten Bildungsprogramme in der Einrichtung tatsächlich ihre mathematischen Kenntnisse verbessern konnten.

Das Beobachtungsinstrument

Um das überprüfen zu können, wurde zunächst ein Beobachtungsinstrument entwickelt, das die standardisierte Erfassung mathematischer Kenntnisse in folgenden Bereichen erlaubt:

- Mündlich vorwärts- und rückwärts zählen
- Spielsteine abzählen
- Ziffernkärtchen lesen
- Zahlenstraßen aus Ziffernkarten legen
- Einfache Additions- und Subtraktionsaufgaben lösen
- Würfelbilder erkennen
- Logische Reihen legen (Formerkennung und -ergänzung)
- Muster fortsetzen (Form und Anzahl)
- Intuitive Mengenschätzungen und -vergleiche vornehmen
- Messinstrumente benennen
- Maßeinheiten vergleichen.

Aus jeder Kindertageseinrichtung, die eines der beiden Fortbildungskonzepte *Komm mit ins Zahlenland* oder *mathe 2000* umsetzte, wurde eine bestimmte Anzahl von Kindern ausgewählt. Diese Kinder wurden einmal vor Beginn der Fördermaßnahme untersucht und einmal nach zehn Wochen Umsetzung. Durch einen Vergleich der beiden Einzelbeobachtungen konnte man feststellen, ob sich in der Zwischenzeit etwas verändert hatte.

Natürlich konnte man bei einer Veränderung nicht automatisch darauf schließen, dass sie auf die Wirksamkeit des Förderkonzeptes zurückzuführen war. Es konnte schließlich auch sein, dass sich die Kinder von allein weiterentwickelt hatten. Um dies zu klären, brauchte man eine Kontrollgruppe, die der Fördergruppe möglichst ähnlich war, die auch zu den beiden Messzeitpunkten untersucht wurde, aber an keiner mathematischen Frühförderung teilgenommen hatte (→ Evaluationsdesign im Anhang).

Um brauchbare statistische Aussagen machen zu können, sollten die zu vergleichenden Gruppen annähernd gleichgroß sein. Die hier dargestellten Auswertungen beziehen sich auf eine Stichprobe bei insgesamt 138 Kindern, von denen jeweils 46 am Förderkonzept *Komm mit ins Zahlenland* und am Förderkonzept *mathe 2000* teilgenommen hatten und 46 weitere Kinder einer *Kontrollgruppe* angehörten.

Erste Ergebnisse

Die nachfolgenden Ergebnisse der Einzelbeobachtungen sagen nicht nur etwas über die Effektivität von Förderkonzepten aus, sondern auch über die normale Entwicklung mathematischer Fähigkeiten bei Kindern im fraglichen Alter.

Mündlich vorwärts und rückwärts zählen

Wie bereits im Einleitungskapitel deutlich gemacht wurde, besteht eine wichtige Kompetenz, die Kinder im Kindergartenalter erwerben, darin, die Zahlen mündlich in der richtigen Reihenfolge aufsagen zu können. Ohne diese Fähigkeit kann man nicht zählen lernen. Das Rückwärtszählen ist ebenfalls wichtig, denn es wird für das Grundrechnen gebraucht.

Im Rahmen der Einzelbeobachtung wurden alle Kinder zunächst gebeten, vorwärts zu zählen, so weit sie kommen. Gewertet wurde die letzte Zahl, die die Kinder ohne Fehler in der Zahlenreihe nennen konnten. Bei einer weiteren Aufgabe sollten die Kinder rückwärts zählen. Dabei wurden sie gebeten, zunächst von zwei, dann von drei und schließlich von vier an rückwärts zu zählen. Für jede der drei Aufgaben gab es einen Punkt, wenn das Kind die Zahlen in der korrekten Reihenfolge sagen konnte. Folglich konnten die Kinder beim Rückwärtszählen maximal drei Punkte erreichen.

Vorwärts zählen

Im Mittel konnten die Kinder aller drei Gruppen vor Beginn der Förderung vorwärts bis 13 oder 14 zählen. Dieses Ergebnis bedeutet aber nicht, dass die Mehrheit beim Zählen bereits über zehn hinauskam. Einige Kinder konnten bereits bis 30 zählen, andere dagegen kaum bis drei. Es gab große Unterschiede zwischen den Kindern jeder Grup-

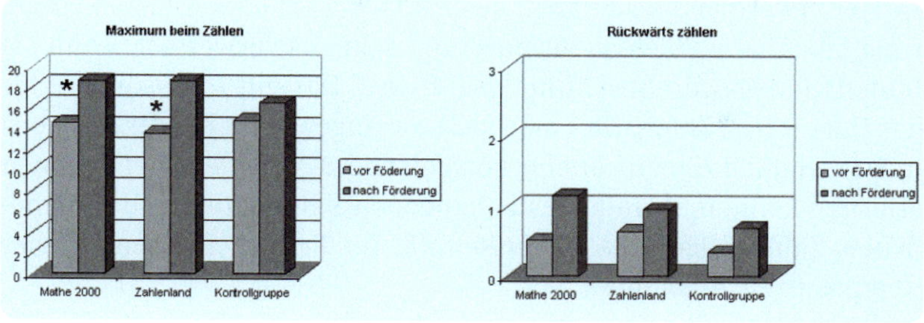

Abb. 3.1: Leistungen der Kinder verschiedener Gruppen beim Vorwärts- und Rückwärtszählen – vor und nach der Frühförderung

pe. Trotzdem ist erkennbar, dass die Mittelwerte bei der zweiten Erhebung höher ausfielen als bei der ersten. Nur für die beiden Fördergruppen, nicht aber für die Kontrollgruppe war der Leistungszuwachs statistisch bedeutsam.

Rückwärts zählen

Im Rückwärtszählen waren die Leistungen insgesamt schlechter. Dies scheint vielen Kindern noch sehr schwer zu fallen. Zwar gab es auch hier einen Wissenszuwachs innerhalb der Umsetzungsphase, der statistisch aber nicht die Signifikanzgrenze erreichte. Vermutlich liegt das daran, dass im Alltag der Kindertageseinrichtung viel häufiger das Vorwärtszählen geübt wird als das Rückwärtszählen.

Man kann auf der Basis der vorliegenden Daten nicht den Schluss ziehen, dass der Lernzuwachs, den die Kinder der Fördergruppen zeigten, allein auf die Wirksamkeit der Förderkonzepte zurückzuführen ist. Denn auch die Kontrollgruppe hat Fortschritte gemacht, die sich statistisch nicht signifikant von denen der Fördergruppen unterschieden, obwohl sie in der Grafiken kleiner aussehen. Es sind lediglich Tendenzen in diese Richtung erkennbar. Das einfache mündliche Zählen ist vermutlich nicht nur in der Kindertageseinrichtung zu hören, sondern häufig auch außerhalb.

Kinder erwerben die Fähigkeit des Zählens auch ohne gezielte Förderung, aber sie werden sie leichter und schneller erwerben, wenn sie in der Kindertageseinrichtung geübt wird. Das gilt insbesondere für das Rückwärtszählen. Hält man sich vor Augen, dass Kinder, die noch nicht mündlich zählen können, auch nicht das Abzählen oder Rechnen erlernen können, dann ist festzuhalten, dass die Kenntnis der mündlichen Zahlenfolge eine Schlüsselrolle im Erwerb mathematischer Kompetenzen zukommt.

Spielsteine abzählen

Eine andere Kernkompetenz ist das Abzählen von Objekten. Zur Erfassung dieser Fähigkeit in der standardisierten Beobachtungssituation sollten die Kinder vorgegebene Mengen von Spielsteinen abzählen. Jedes Kind erhielt drei leichtere Aufgaben mit Mengen bis zu sechs Spielsteinen und drei schwerere Aufgaben mit Mengen zwischen neun und 15 Spielsteinen.

Diese Form von „Testung" lässt sich problemlos im Alltag der Kindertageseinrichtung mit einzelnen Kindern durchführen.

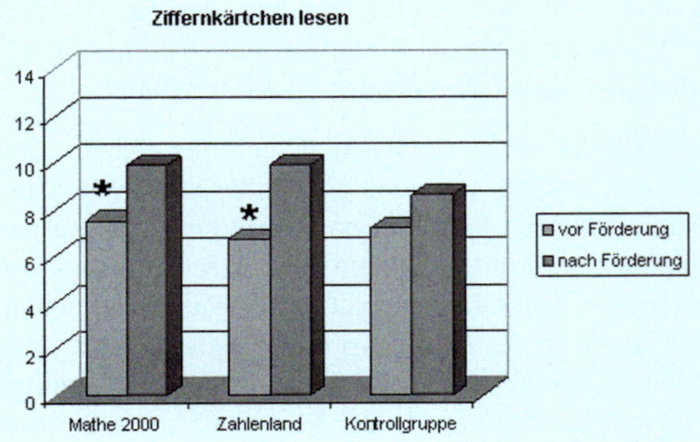

Abb. 3.2: Leistungen verschiedener Gruppen beim Spielsteinezählen vor und nach der Frühförderung.

Um die vorgegebenen Aufgaben lösen zu können, mussten die im Einleitungsteil beschriebenen wichtigsten Zählprinzipien schon sicher beherrscht werden (Kenntnis der Zahlenreihe, Eins-zu-Eins-Zuordnung, Kardinalitätsprinzip).

Nur in den beiden Fördergruppen waren statistisch signifikante Zuwächse in den Leistungen der Kinder feststellbar. Der Unterschied im Vergleich zur Kontrollgruppe fiel ebenfalls bedeutsam aus. Es lässt sich also feststellen, dass die Förderkonzepte die Zählfertigkeiten der Kinder positiv beeinflusst haben.

Eine genauere Analyse der Daten zeigte darüber hinaus, dass die Kinder aller Gruppen bei den leichten Aufgaben (Mengen eins bis fünf) von vornherein sehr gut im Abzählen waren und sich daher nur wenig steigern konnten. Bei den schwereren Aufgaben (Mengen mit neun bis 15 Spielsteinen) war dagegen ein deutlicher Lernzuwachs zu verzeichnen. Dies stimmt mit der entwicklungspsychologischen Beobachtung überein, dass die Verarbeitung kleinerer Mengen für Kinder bedeutend leichter zu sein scheint als die Verarbeitung größerer Mengen. Manche der Aufgaben mit kleinen Mengen wurden sogar ohne Kenntnis der Zählprinzipien auf einen Blick zu erfasst (→ vgl. Kap.1).

Aus diesen Ergebnissen kann man schließen, dass sich für den Umgang mit Kindern, die noch am Anfang ihrer mathematischen Entwicklung stehen, das Zählen kleiner Mengen empfiehlt. Sobald dieses sicher gelingt, können auch Mengen über fünf abgezählt werden.

Insgesamt wurde die Anwendung der Zählprinzipien durch beide Förderkonzepte deutlich verbessert. Es lohnt sich also, diese Kompetenzen durch gezielte Maßnahmen zu stärken.

Ziffernkärtchen lesen

Ein weiterer wichtiger Teilaspekt mathematischer Bewusstheit ist das Erkennen von Zahlensymbolen oder Ziffern. Um diese Fähigkeit zu erfassen, wurden den Kindern bunt durchmischt Ziffernkärtchen mit den Zahlen eins bis 15 in drei Fünfergruppen (Ziffern 1 bis 5, 6 bis10, 11 bis 15) vorgelegt. Die Beobachterin zeigte in zufälliger Reihenfolge auf einzelne Kärtchen des jeweiligen Blocks und fragte, wie diese hei-

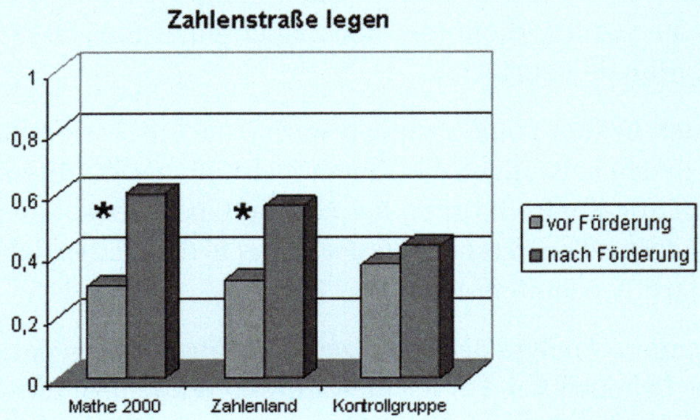

Abb. 3.3: Leistungen verschiedener Gruppen beim Lesen von Ziffernkärtchen vor und nach der Frühförderung.

ßen. Auch diese Aufgabe lässt sich leicht im Alltag der Kindertageseinrichtung durchführen, wenn man herausfinden will, ob ein bestimmtes Kind schon Ziffern lesen kann.

Wie sich zeigte, wurden nach der Umsetzungsphase mehr Kärtchen richtig identifiziert als vorher. Dieser Fortschritt fiel für die Fördergruppen signifikant größer aus als für die Kontrollgruppe.

Wieder macht eine detaillierte Analyse nach den unterschiedlichen Aufgabentypen deutlich, dass alle Kinder bei den leichten Aufgaben (Ziffern 1 bis 5) bereits zu Beginn gute Leistungen erzielten und dass die größten Fortschritte bei den höheren Ziffern auftraten (Ziffern 10 bis 15), die aus mehr als einer Ziffer zusammengesetzt sind. Sie zu lesen und richtig zu benennen erfordert vor allem Erfahrung. Die Förderkonzepte scheinen den Kindern diese Erfahrungen zu vermitteln.

Zahlenstraße legen

Um zu prüfen, ob die Kinder die Ziffern nicht nur kannten, sondern auch in die richtige Reihenfolge legen konnten, sollten sie - nachdem alle 5 Ziffern einer Zifferngruppe (z.B. Ziffern 10-15) benannt worden waren - eine Zahlenstraße legen. Diese konnte entweder richtig sein (alle Ziffernpositionen stimmten) oder Fehler enthalten. Nur im ersten Fall gab es einen Punkt. Jedes Kind konnte für jede der drei Zifferngruppen einen Punkt erreichen und damit insgesamt maximal drei Punkte.

Bei dieser Aufgabenart werden die Unterschiede im Lernzuwachs zwischen Kontrollgruppe und Fördergruppen besonders deutlich. Während die Kontrollgruppe nur minimale Zuwächse zu verzeichnen hatte, fielen die Fortschritte für die beiden Fördergruppen klar erkennbar und signifikant aus. Folglich war auch der Gruppenunterschied zur Kontrollgruppe statistisch nachweisbar. Bei genauerer Betrachtung fiel auch hier auf, dass die Leistungen mit der Höhe der Zifferngruppe sanken.

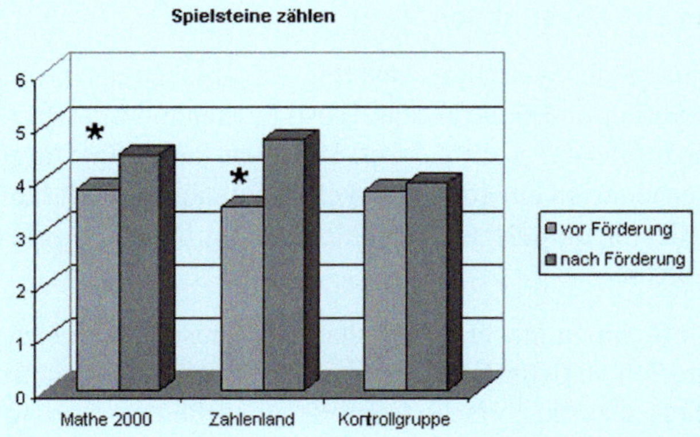

Abb. 3.4: Leistungen verschiedener Gruppen beim Zahlenstraßelegen vor und nach der Frühförderung

Insgesamt machen die bisher dargestellten Aufgaben also deutlich, dass die Förderkonzepte nachweislich positive Auswirkungen auf alle jene Kernkompetenzen haben, die für den Umgang mit Zahlen und das Abzählen von zentraler Bedeutung sind.

Neben den bislang erwähnten mathematischen Kernkompetenzen erfasste das verwendete Beobachtungsinstrument auch weitere Fähigkeiten der Kinder, über die nachfolgend zusammenfassend berichtet wird.

Weitere Aufgaben zur mathematischen Entwicklung

Würfelbilder

Die Ergebnisse zum Erkennen von Würfelbildern waren insofern wenig aufschlussreich, als fast alle Kinder die Würfelbilder schon bei der Ersterhebung sehr gut identifizieren konnten. Mit vier bis fünf Jahren kann diese Fähigkeit in der Regel also bereits vorausgesetzt werden. Die meisten Kinder haben das Würfellesen durch einfache Teilnahme an Würfelspielen bereits gelernt.

Addition und Substraktion

Genau umgekehrt verhält es sich mit Aufgaben zu den Grundrechenarten Addition und Subtraktion. Diese Rechenoperationen fallen den Kindern insgesamt noch schwer. Das mag kaum überraschen, weil Grundrechenarten ein gut entwickeltes Verständnis der Zählprinzipien und der Strukturierten Anzahlerfassung bzw. Mengenzerlegung voraussetzen.

Alle drei Gruppen machten innerhalb der Umsetzungsphase geringe, aber zum Teil statistisch bedeutsame Fortschritte. Man darf durchaus annehmen, dass die Fortschritte größer ausgefallen wären, wenn nicht die Vier- bis Fünfjährigen, sondern die etwas älteren Vorschulkinder untersucht worden wären. Vermutlich hätte auch eine längere Dauer der Umsetzungsphase zu einem deutlicherem Lernzuwachs geführt. Unterschiede zwischen Kontroll- und Fördergruppen waren im vorliegenden Fall daher nicht erkennbar.

Aufgaben, in denen die Kinder eine bestimmte Menge von Objekten vor sich hatten und aufgefordert wurden, zu sagen, wie sich die Menge verändert, wenn man etwas dazutut oder wegnimmt, wurden dabei von vergleichsweise vielen Kindern richtig gelöst. Viele Kinder wendeten hier wieder ihr Wissen über das Zählen an. Bedeutend schwerer fiel es den Kindern dagegen, wenn sie die Aufgaben im Kopf lösen sollten. Dabei machte es ihnen am meisten Probleme, wenn sie zum Beispiel abstrakt gefragt wurden: „Wie viel ist fünf plus zwei?" Lautete die Frage dagegen: „Wie viel sind fünf Bananen weniger zwei Bananen?", so gab es etwas häufiger richtige Lösungen.

Wahrnehmungsgebundenes Denken

Diese Beobachtung bestätigt die entwicklungspsychologische Annahme, dass Kinder im Kindergartenalter zunächst noch sehr wahrnehmungsgebunden denken und die Fähigkeit, sich von der konkreten Wahrnehmung zu lösen, eine wichtige Entwicklungsaufgabe dieses Alters darstellt. Am leichtesten können sie daher mit sichtbaren Objekten rechnen. Schwerer ist es dagegen, sich diese Objekte nur vorzustellen – und am schwersten wird es, wenn sie nur mit Zahlen umgehen sollen.

Weiterhin fiel auf, dass Additions- und Subtraktionsaufgaben, bei denen Kinder den Zehnerübergang meistern mussten, nicht so oft richtig gelöst wurden, wie Aufgaben zum Rechnen mit Mengen unter zehn. Offensichtlich machte ihnen gerade der Umgang mit größeren Mengen noch Schwierigkeiten.

Grundsätzlich erreichten die Kinder bei Subtraktionsaufgaben schlechtere Leistungen als bei Additionsaufgaben – so wie sie beim Vorwärtszählen weniger Probleme hatten als beim Rückwärtszählen. Dieser Unterschied ist vermutlich darauf zurückzuführen, dass sie im Alltag häufiger mit Additionsaufgaben konfrontiert sind als mit Subtraktionsaufgaben.

Logische Reihenbildung

Auch die logische Reihenbildung wurde untersucht. Dabei sahen die Kinder ein Muster von Formen, das sie fortsetzen sollten. Dieses Muster konnte aus zwei Formen bestehen (einfach), aus drei Formen (mittelschwer) oder aus zwei Reihen mit jeweils zwei Formen (komplex). Hier waren teilweise signifikante Fortschritte zu verzeichnen, ohne dass es systematische Unterschiede zwischen den Gruppen gab. Die Wahrscheinlichkeit, bei den logischen Reihen die richtigen Formen zu ergänzen, lag bei den einfachen Reihen deutlich höher als bei den komplexen Reihen.

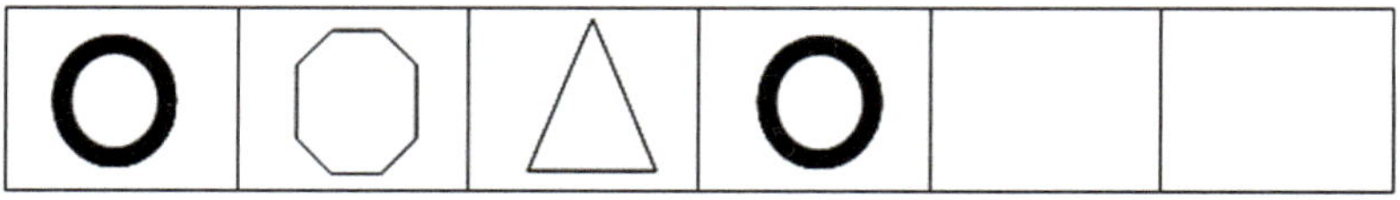

Abb. 3.5: Aufgabe zur logischen Reihenbildung.

Grundformen

Die Kinder waren insgesamt gut in der Lage, korrekt Grundformen zu benennen, die in dieser Aufgabenart vorkamen – Kreis, Quadrat/Viereck und Dreieck. Komplexere Formen wie das Sechseck wurden dagegen nur selten richtig benannt. Gruppenunterschiede in der Formbenennung waren weder vor noch nach der Umsetzungsphase zu beobachten.

Mustererkennung

Im Rahmen von Aufgaben zur Mustererkennung ergab sich ein ähnliches Bild. Hier sollten die Kinder Bilder-Tabellen ergänzen und dabei erkennen, dass die fehlenden Bilder in einer Spalte immer dieselbe Form haben und in der Zeile immer dieselbe Anzahl.

Es gab zwei Aufgaben unterschiedlichen Schwierigkeitsgrades, die sich hinsichtlich der zu ergänzenden Zellen unterschieden. Bei der Ergänzung der richtigen Formen waren die Kinder gut in beiden Aufgaben und in allen Gruppen. Bei der Ergänzung der richtigen Anzahl

Abb. 3.6: Aufgabe zur Mustererkennung

erzielten die Kinder beider Fördergruppen nach Teilnahme an der Förderung signifikant mehr Lernzuwachs als die Kontrollgruppe in der leichteren Aufgabe.

Intuitive Mengenschätzung

Die intuitive Mengenschätzung wurde ebenfalls erfasst. Hier sahen die Kinder für kurze Zeit Kärtchen mit Punkten und sollten sagen, ob sie auf einem gegebenen Kärtchen mehr oder weniger Punkte gesehen hatten als auf der zuvor gezeigten. Es ging also nicht nur um die Mengenschätzung selbst, sondern auch um das Begriffsverständnis von *mehr* und *weniger*. Außerdem wurden die Gedächtnisfähigkeiten der Kinder stark gefordert. Insgesamt war diese Aufgabe folglich sehr anspruchsvoll.

Die Fortschritte waren in den Fördergruppen nicht größer als in der Kontrollgruppe und fielen insgesamt recht gering aus.

Messinstrumente

Die Kenntnis von Messinstrumenten war erstaunlich begrenzt. So wussten die wenigsten Kinder, womit man misst, wie groß, wie schwer oder wie warm etwas ist oder wie spät es ist. Sie konnten die zugehörigen Messinstrumente nicht benennen. Auch wenn sich die durchschnittliche Lösungswahrscheinlichkeit im Verlauf der Fördermaßnahme signifikant verbesserte, gab es keine nachweisbaren Unterschiede im Leistungszuwachs zwischen Födergruppen und Kontrollgruppe.

Maßeinheiten

Noch geringer waren die Kenntnisse über Maßeinheiten. So konnten nur wenige Kinder sagen, was mehr ist: ein Meter oder ein Zentimeter, ein Kilo oder ein Gramm, eine Stunde oder eine Sekunde. Dieses Wissen veränderte sich über die Projektlaufzeit hinaus gar nicht.

Zusammenfassung

Insgesamt liefert die wissenschaftliche Evaluation ein differenziertes Bild von den Veränderungen der mathematischen Kompetenzen der Kinder: Ganz offensichtlich entwickelt sich die mathematische Bewusstheit von Vier- bis Fünfjährigen innerhalb nur weniger Wochen auch ohne spezielle Förderung in begrenztem Maße. Gleichzeitig lässt sich feststellen, dass das Ausmaß der Fortschritte davon abhängt, welche Lernangebote die Kinder erhalten. So konnte für fast alle Bereiche, die sich auf die Grundprinzipien des Zahlenverständnisses beziehen (Abstraktionsprinzip, semantisches Verständnis von Mengenbegriffen, Eins-zu-Eins-Zuordnung, Irrelevanz der Reihenfolge, Ordinalitätsprinzip, Kardinalitätsprinzip, Ziffernkenntnis), nachgewiesen werden, dass eine gezielte Förderung zu einer Verbesserung der Leistung führt, die die normalen Entwicklungsfortschritte ohne Förderung übersteigt.

Für anspruchsvollere Aufgaben (Zerlegung von Mengen, Rechenoperationen, logische Reihen, Mustererkennung) waren nach zwei bis drei Monaten Umsetzungsphase noch keine signifikanten Leistungsverbesserungen nachweisbar. Zwar zeigten sich auch hier geringfügige Fortschritte, doch fielen diese Fortschritte bei der Kontrollgruppe genauso hoch aus wie bei den beiden Fördergruppen. Hier wäre eine Nacherhebung nach einer längeren Projektlaufzeit notwendig, um abschließend beurteilen zu können, ob die betreffenden Kompetenzen bereits im Alter von vier bis fünf Jahren sinnvoll gefördert werden können – und wenn ja, wie lange es dauert, bis entsprechende Maßnahmen Wirkung zeigen.

Die Bilanz der wissenschaftlichen Begleitung ist somit sehr positiv: Innerhalb eines kurzen Zeitraums war es möglich, das mathematische Wissen der untersuchten Kinder systematisch zu steigern. Dabei hatte jede beteiligte Kindertageseinrichtung großen Freiraum in der Gestaltung der Lernumgebungen.

Trotz großer Vielfalt in der Art der Umsetzung waren klare Vorteile beider Förderkonzepte erkennbar. Kinder, die daran teilgenommen hatten, zeigten in fast allen Bereichen des Umgangs mit Mengen, Zahlen und Ziffern bessere Leistungen als Kinder der Kontrollgruppe.

Eine Besonderheit der vorliegenden Studie liegt darin, dass ein *Kontrollgruppendesign* (→ vgl. Anhang) verwendet wurde. Folglich konnten normale Entwicklungsfortschritte von Fortschritten, die auf die Förderung zurückzuführen sind, unterschieden werden, und es ist der Schluss erlaubt, dass beobachtete Lernzuwächse bei den Kindern im mathematischen Denken tatsächlich auf die Wirksamkeit der Förderkonzepte zurückzuführen sind.

Man darf vermuten, dass sich diese Vorteile langfristig besonders positiv auf die weitere Entwicklung der Kinder auswirken, weil alles, was ein Kind schon weiß, seine weitere Auseinandersetzung mit neuen Erfahrungen prägt, indem es das Interesse an entsprechenden Themen steigert, das Selbstvertrauen stärkt und die Verarbeitung neuer Information erleichtert.

III Naturwissenschaftliches Denken – theoretischer Hintergrund

4 Entwicklung des naturwissenschaftlichen Denkens

Sabina Pauen, Janna Pahnke

Sobald ein Kind das Licht der Welt erblickt, fängt es an, seine Umwelt aktiv und neugierig zu erkunden. Es beobachtet, es probiert Dinge aus, und es sammelt Erfahrungen mit der Natur. Dieses Ausprobieren macht sichtlich Spaß. Und es führt dazu, dass sich Kinder von ganz allein Wissen aneignen, das sie brauchen, um in der Welt zurechtzukommen. Wenn dann später in der Schule die Fächer Chemie, Biologie und Physik auf dem Stundenplan stehen, hat das Kind schon längst vielfältige Erfahrungen gesammelt und sich seine eigenen Gedanken darüber gemacht, warum die Dinge so sind, wie sie sind.

Einige der Annahmen, die sich im Laufe der Jahre bei den Kindern entwickelt haben, passen nicht zu den Theorien, die die Lehrkraft in der Schule verkündet. Und selten bleibt die Zeit, genauer zu erforschen, warum das so ist. Stattdessen muss das „falsche" Wissen ganz schnell durch das „richtige" Wissen ersetzt werden – ohne langes Ausprobieren und Nachfragen. Und auch die lebendige Erfahrung mit der Natur muss rasch in Formeln auf dem Papier übersetzt werden. Kein Wunder also, dass vielen die Lust am naturwissenschaftlichen Forschen schon bald vergeht. Kein Wunder auch, dass die Welt der Physik, Chemie und Biologie für viele Menschen ihr Leben lang abstrakt und lebensfern bleibt. Aber wie lässt sich das vermeiden?

Theorien können und werden sich ändern – im Verlauf der kindlichen Denkentwicklung und auch in der Wissenschaftsgeschichte.

Ein fruchtbarer Ansatz könnte darin bestehen, Kinder früh für Naturphänomene zu begeistern und sie anzuregen, sich bewusst Gedanken über das zu machen, was sie wahrnehmen.

Gerade in der heutigen Zeit hat Wissen eine kurze Halbwertzeit. Aber wenn es gelingt, Kindern von Anfang an die Einsicht zu vermitteln, dass sie ihr eigenes Denken über die Natur mit Spaß und Neugier immer weiter entwickeln und durch Experimente überprüfen können, ist das vermutlich der beste Weg, die Entwicklung von Misskonzepten zu vermeiden, die Begeisterung für Forschertätigkeiten zu wecken und in die Zukunft der Naturwissenschaften zu investieren.

Die hier dargestellten Förderkonzepte beschäftigen sich alle mit der Frage, wie man den Prozess des naturwissenschaftlichen Denkens bei jungen Kindern sinnvoll unterstützen kann. Dabei genügt es sicher nicht, immer wieder nur vom kindlichen Entdeckergeist zu schwärmen. Diesen Entdeckergeist gibt es zweifellos – und es ist wichtig, ihn zu erhalten. Wie für viele andere geistige Fähigkeiten gilt jedoch auch für das naturwissenschaftliche Denken: Es will gelernt sein!

Je mehr Wissen ein Mensch schon mitbringt, desto leichter kann er Hypothesen bilden und sich Experimente ausdenken, um diese Hypothesen zu testen.

Um die Frage beantworten zu können, was genau gelernt werden soll, muss man zunächst fragen, was naturwissenschaftliches Denken überhaupt ist. Es geht zum einen um das *Wissen über Naturphänomene*, wie etwa Wissen über das Wetter, Wachstum, physikalische Kräfte oder chemische Reaktionen. Außerdem meint man damit *Aktivitäten, durch die Naturwissen entsteht*. Dazu gehören das Hypothesenbilden, Beobachten, Experimentieren und das Schlüsseziehen. Wissenszuwachs und Erkenntnisgewinnung hängen dabei unmittelbar voneinander ab.

Wer beruflich oder privat mit jüngeren Kindern zu tun hat, wird bald feststellen, dass sie anfangs über sehr wenig Naturwissen verfügen und zunächst auch noch kaum geübt darin sind, lange nachzudenken, bevor sie Dinge ausprobieren. Sie bringen zwar viel Neugier und Lust am Ausprobieren mit auf die Welt, aber es fällt ihnen offensichtlich schwer, Situationen zu schaffen, die wirklich geeignet sind, eigene Vermutungen zu überprüfen. Auch die Fähigkeit, genau zu beobachten und anschließend auf der Grundlage unterschiedlicher Erfahrungen die richtigen Schlussfolgerungen zu ziehen, kann bei kleinen Kindern nicht automatisch vorausgesetzt werden. Mit anderen Worten: Es fehlt ihnen einerseits an Vorwissen über die Natur und andererseits an Wissen und Erfahrungen, wie man neue Erkenntnisse über die Natur gewinnen kann.

Trotz dieser Defizite spricht die moderne Entwicklungspsychologie vom „Forschergeist in Windeln". Und jede Fachkraft in einer Kindertageseinrichtung oder jedes Elternteil wird bestätigen, dass selbst die Allerkleinsten den ganzen Tag damit beschäftigt zu sein scheinen, ihre Umwelt zu erkunden.

- Wie sind diese beiden Vorstellungen miteinander in Einklang zu bringen?
- Was genau bringen Kinder mit auf die Welt, was lernen sie im Kindergartenalter und was können sie noch nicht?
- Welches Wissen sollen Erwachsene ihnen vermitteln und wann ist der beste Zeitpunkt dafür?

Nur wer sich diesen Fragen unvoreingenommen stellt, kann Kindern helfen, ihre Kompetenzen zu erweitern.

Das vorliegende Kapitel verfolgt daher zwei Ziele: Es möchte einerseits aufklären über die tatsächlichen Möglichkeiten und Grenzen des Denkens im Kindergartenalter. Dabei soll der Schwerpunkt auf der Frage liegen, wie sich Kinder neues Wissen aneignen. Ein zweites Ziel besteht darin, ganz konkrete Hinweise zu geben, auf welche Weise man bei kleinen Kindern das Hypothesenbilden, Beobachten, Experimentieren und Schlüsseziehen fördern kann.

Lange Zeit konnte man sich nur auf allgemeine Entwicklungstheorien berufen, wenn es um die Beantwortung der Frage ging, ab wann Kinder zu wissenschaftlichem Denken in der Lage sind. In den vergangenen 20 Jahren hat sich jedoch sehr viel in der Forschung zu diesem Thema getan, und so gibt es heute neue Ansätze, die die Denkentwicklung genauer beschreiben. Trotzdem bleiben die klassischen Entwicklungstheorien weiterhin wichtig. Zwei besonders einflussreiche Ansätze stammen von Jean Piaget, einem französischer Biologen, und Lev Wygotski, einem russischen Pädagogen. Sie sollen zu Wort kommen, weil jeder von ihnen einen bestimmten Aspekt besonders betont, der für die naturwissenschaftliche Frühförderung wichtig ist. Im Anschluss werden stellvertretend für neuere Theorien die Bereichsspezifischen Ansätze der Psychologinnen Elisabeth Spelke und Susan Carey vorgestellt.

4.1 Entwicklungstheorien zur Denkentwicklung

Kinder konstruieren ihre Wirklichkeit

Jean Piaget war einer der ersten Forscher, der sich für die Denkentwicklung von Kindern interessierte. Er spielt bis heute in der Kindertageseinrichtungs- und der Grundschulpädagogik eine sehr wichtige Rolle, auch wenn sein Stadienmodell der Denkentwicklung inzwischen als überholt gilt.

Durch genaue Beobachtung seiner eigenen Kinder stellte Piaget fest, dass sich schon Säuglinge aktiv mit der Umwelt auseinandersetzen. Ihr erstes Entwicklungsziel besteht laut Piaget darin, die Sinne zu schulen und eigene Wahrnehmungen mit einfachen motorischen Handlungen zu kombinieren, z.B. den Schnuller anzuschauen, zu greifen und in den Mund zu stecken, um daran zu saugen. Solche Erfahrungen werden anschließend verinnerlicht. Dann ist das Kind erstmals in der Lage, sich Objekte und Handlungen im Geiste vorzustellen, z.B. an den Schnuller zu denken, obwohl er nicht da ist. Im Verlauf der weiteren Entwicklung lernt es, mit dieser neuen „Welt im Kopf“ umzugehen. Dabei ist sein Denken zunächst sehr an die Wahrnehmung gebunden und wenig flexibel. Erst mit Erreichen der Pubertät können Jugendliche logisch und abstrakt denken.

Jeder Mensch macht sich sein eigenes Bild von der Natur. Wie dieses Bild aussieht, hängt vom Alter ab.

Eine zentrale Botschaft Piagets besteht darin, dass sich jedes Kind seine eigene Wirklichkeit konstruiert. Eigene Vorstellungen müssen im Verlauf der Entwicklung immer wieder verändert und der Realität zunehmend besser angepasst werden. Dieser Anpassungsprozess hängt von altersbezogenen Denkstrukturen ab.

Die folgende Zusammenfassung zeigt auf, welche Entwicklungsschritte Kinder laut Piaget von der Geburt bis zum Jugendalter durchlaufen:

Das Denken von Kleinkindern

Sensumotorisches Stadium

Gegen Ende der Säuglingszeit, die Piaget auch *sensumotorisches Stadium* nennt, besitzt das Kind *Objektpermanenz* – die Fähigkeit, sich Objekte im Geiste vorzustellen. Versteckt man vor den Augen eines Babys ein Spielzeug, so wird es zunächst keine Anstalten machen, das Objekt wiederzufinden. Erst ab ca. einem Jahr zeigt das Kind gezieltes Suchverhalten und macht damit deutlich, dass es das betreffende Objekt nicht vergessen, sondern im Kopf behalten hat. Inzwischen konnte man einfache Objektpermanenz bereits bei wesentlich jüngeren Babys feststellen. Dennoch ist es wichtig, sich klar zu machen, dass der Aufbau von geistigen Vorstellungen ein Entwicklungsprozess ist und Säuglinge das Denken zunächst lernen müssen, indem sie äußere Vorgänge und Objekte verinnerlichen.

Mittel-Zweck-Analysen

Ein paar Monate später ist das Kind laut Piaget in der Lage, *Mittel-Zweck-Analysen* durchzuführen. Es lernt, sich Ziele zu setzen und Objekte zu nutzen, um diese Ziele zu erreichen, z.B. wird es nun an einer Decke ziehen, um das Spielzeug, das zu weit vor ihm entfernt liegt, zu sich zu holen. Für solche Aktivitäten muss man bereits Vorstellungskraft und Wissen über die Welt voraussetzen, denn wenn das Kind nicht weiß, was passiert, sobald es an einer Decke zieht, kann es die Decke auch nicht als Mittel zum Zweck nutzen – im konkreten Fall, um an das Spielzeug zu kommen.

Symbolverständnis

Eine dritte wichtige geistige Errungenschaft der Säuglingszeit ist das *Symbolverständnis*. Das Kind beginnt, Dinge oder Ereignisse, die es nun im Geiste repräsentieren kann, mit Worten zu benennen. Das Besondere am Symbolverständnis ist, dass man sich nun mit anderen über die eigenen Vorstellungen unterhalten kann.

Schon Kleinkinder verfügen über die geistigen Grundvoraussetzungen zur Entwicklung naturwissenschaftlichen Denkens.

Demnach wird das Fundament für verschiedene Kompetenzen, die den Grundstein naturwissenschaftlichen Denkens bilden, bereits in der frühesten Kindheit gelegt: Das Kind kann sich an Objekte und Handlungen erinnern. Indem es sich im Kopf eine Vorstellung davon macht, gelingt es ihm, Beobachtungen zu speichern und miteinander in Beziehung zu setzen. Es kann Handlungsergebnisse vorhersagen und Erwartungen ausbilden. Es zeigt planvolles Verhalten und beginnt, mit anderen über seine Beobachtungen zu kommunizieren.

Das Denken von Kindern

Präoperationales Stadium

Trotz dieser beeindruckenden Leistungen darf nicht vergessen werden, dass die Fähigkeit, Objekte und Handlungen in der Vorstellung zu halten, anfangs noch recht ungeübt ist und folglich nicht alle Denkprozesse schon optimal auf die Wirklichkeit angepasst sind. Das nächste Stadium der Denkentwicklung, auch *präoperationales Stadium* genannt, bezieht sich auf den Zeitraum von zwei bis sieben Jahren, in den auch das Kindergartenalter fällt.

Piaget beschreibt das kindliche Denken in diesem Alter vor allem durch ganz bestimmte *Denkfehler*, die alterstypisch sein sollen: So haben Kinder noch Schwierigkeiten, gezielt Hypothesen zu bilden. Ihre Analyse einer gegebenen Situation ist oft unvollständig. Nicht selten blenden sie bestimmte Aspekte ihrer Wahrnehmung einfach aus, weil sie sich nicht auf alles gleichzeitig konzentrieren können oder weil das Problem sonst zu schwierig erscheint.

Sie neigen auch dazu, neue Erfahrungen entweder sehr schnell auf eine andere Situation zu übertragen, wenn sich äußerlich gewisse Parallelen erkennen lassen,. Oder sie erkennen tiefere strukturelle Ähnlichkeiten zwischen zwei Situationen nicht, weil sie sich zu sehr am Augenschein orientieren. Es fällt ihnen schwer, die Perspektive zu wechseln, wenn sich ein Weg zur Lösung eines Problems als falsch erwiesen hat. Beim Experimentieren kann sich das so ausdrücken, dass sie vorwiegend nach Bestätigung ihrer eigenen Ideen suchen und widersprüchliche Beobachtungen manchmal lieber verdrängen als genau zu überlegen, was sie bedeuten.

Begrenztes Ursache-Wirkungsverständnis

Das Denken von Drei- bis Sechsjährigen ist in der Regel in die Zukunft gerichtet, und das vergangenheitsbezogene Ursache-Wirkungsverständnis ist laut Piaget noch begrenzt. Kinder machen lieber Vorhersagen und probieren Dinge aus, statt nachträglich über Erfahrungen nachzudenken und sie zu analysieren.

Kinder machen typische Denkfehler. Ihr naturwissenschaftliches kausales und logisches Denken sind laut Piaget noch nicht voll entwickelt.

Man könnte grob zusammenfassen, dass Reize aus der Umwelt zunächst in stark vereinfachter Weise verarbeitet werden, weil es den Kindern noch nicht gut gelingt, mit geistigen Repräsentationen flexibel umzugehen und logisch zu denken.

Das Denken von älteren Kindern

Konkret-operationale Phase

Die für das Kindergartenalter typischen Denkfehler werden laut Piaget erst im Grundschulalter, mit sieben bis zwölf Jahren, überwunden. Dann befinden sich Kinder in der *konkret-operationalen Phase* und entwickeln ein Verständnis für Ursache-Wirkungszusammenhänge. Sie üben, flexibel vorwärts und rückwärts zu denken und mehrere Aspekte gleichzeitig zu beachten. Die Sprachfähigkeiten helfen ihnen dabei, auch komplexe Situationen zunehmend besser zu verstehen.

Formal-operationale Phase

Erst in der *formal-operationalen Phase*, mit zwölf bis 15 Jahren, sind Jugendliche nach Piaget zu abstrakten Gedankengängen in der Lage. Jetzt können Hypothesen aufgestellt und Experimente gezielt geplant werden. Durch die systematische Kontrolle wichtiger Faktoren werden Hypothesen und Beobachtungen miteinander in Bezug gesetzt, und es kommt zu gültigen Schlussfolgerungen.

Piagets Ausführungen könnten zu der Folgerung verleiten, dass es gar keinen Sinn macht, schon bei Kindern einer Tageseinrichtung mit der Förderung des naturwissenschaftlichen Denkens zu beginnen, weil ihnen wesentliche Voraussetzungen dafür noch fehlen. Und in der Tat ist dieser Fehlschluss vermutlich der Grund dafür, dass naturwissenschaftliche Bildung lange Zeit der höheren Schule vorbehalten war. Wie noch zu zeigen sein wird, gibt es gute Argumente, das zu ändern.

Trotzdem bleiben die Ausführungen zu den Schwierigkeiten, mit denen gerade drei- bis sechsjährige Kinder zu kämpfen haben, weiterhin interessant und werden hier noch eine wichtige Rolle spielen. Bedeutsam ist weiterhin die von Piaget betonte Einsicht, dass sich Kinder jeden Alters aktiv mit der Natur auseinandersetzen, sich ihre eigenen geistigen Vorstellungen von Naturvorgängen machen, und dass diese Vorstellungen die Auseinandersetzung mit der Umwelt nachhaltig prägen.

Denkentwicklung findet im sozialen Umfeld statt

Lev Vygotski (1935 bis 1964) interessiert sich nicht so sehr für die Frage, was ein Kind in welchem Alter kann, sondern vor allem für den Prozess der Veränderung von Wissen. Dabei unterscheidet er zwischen Fähigkeiten, die ein Kind in einer gegebenen Situation faktisch zeigt, und jenen Kompetenzen, die es zeigen kann, wenn es in geeigneter Weise zum Weiterdenken angeregt wird. Er spricht in diesem Zusammenhang von der *Zone der proximalen Entwicklung* und meint damit den Raum der Entwicklungsmöglichkeiten, die ein Kind zu einem gegebenen Zeitpunkt hat. Ob diese Zone durchschritten wird, hängt vom geistigen Entwicklungsstand des Kindes ab, von der Aufgabe selbst und davon, ob die Lernumgebung passt.

Vygotski betont, dass sich menschliches Denken stets in einem bestimmten sozialen Umfeld entwickelt. Dieses Umfeld – zu dem auch die Kindertageseinrichtung gehört – entscheidet darüber, wie früh und in welchem Umfang Kinder teilhaben dürfen an den Erkenntnissen, die eine Gesellschaft gewonnen hat. Neben grundlegenden Kulturwerkzeugen, wie etwa der Sprache, die Vygotski selbst im Blick hatte, kann man diese Aussage auch auf Techniken des naturwissenschaftlichen Forschens beziehen.

Das Erlernen wissenschaftlicher Denkweisen setzt geeignete Lernumgebungen voraus. „Was das Kind heute in der Zusammenarbeit macht, wird es morgen selbstständig zu machen fähig sein." (Vygotski 1977). Erwachsene setzen Anreize zur Denkentwicklung, aber den Schritt, eine neue Einsicht zu gewinnen, muss das Kind von sich aus tun. Dies wird ihm nur gelingen, wenn es geistig so weit ist, dass es das Angebot des erwachsenen Begleiters auch tatsächlich annehmen kann.

Es ist also Folgendes entscheidend:

- Erwachsene müssen Kinder teilhaben lassen an den Techniken und dem Wissen ihrer Kultur.
- Sie müssen sich Zeit nehmen, die Kinder zu begleiten.
- Sie müssen wissen, wie sie die Zone der proximalen Entwicklung optimal gestalten können, so dass es dem Kind gelingt, seinen nächsten Entwicklungsschritt selbst zu tun.

Wissensentwicklung hängt vom Inhalt ab

Die Frage, ab wann und auf welche Weise man Kindern am besten helfen kann, Naturphänomene zu verstehen, lässt sich mit allgemeinen Theorien der Entwicklungspsychologie nur schwer beantworten. Dafür muss man sich noch genauer mit der Wissensentwicklung in einzelnen Inhaltsbereichen befassen.

Von konkretem Interesse sind hier die *Bereichsspezifischen Theorien*, die für einzelne Bereiche (z.B. die Physik oder Biologie) fragen, wie sich das Denken von Kindern typischerweise mit dem Alter verändert. Hier interessiert vor allem der Aufbau von Wissen. Wie bereits gesagt: Nur wenn bekannt ist, in welchen Schritten ein Kind bestimmte Einsichten gewinnt, kann man feststellen, auf welcher Stufe der Wissensentwicklung es sich gerade befindet, und Lerngelegenheiten schaffen, die es dem Kind ermöglichen, den nächsten Schritt selbst zu tun. Was das konkret bedeutet, wurde bereits im Kapitel über mathematische Frühförderung beschrieben. In ähnlicher Weise hat man auch Studien zur Entwicklung des biologischen und physikalischen Wissens durchgeführt. Die vorliegende Darstellung beschränkt sich auf allgemeine Aussagen zur Denkentwicklung.

Naturwissen hängt nicht vom Alter, sondern von Vorerfahrungen ab.

Im Prinzip gehen moderne Entwicklungstheorien davon aus, dass Kinder über die gleichen Denkmöglichkeiten verfügen wie Erwachsene, dass es ihnen aber an Wissen und Erfahrung fehlt, diese Denkmöglichkeiten in geeigneter Weise einzusetzen. Demnach suchen Menschen jeden Alters nach Erklärungen für Phänomene, die sie in der Welt beobachten. Je mehr man schon weiß und je besser man bisherige Erfahrungen mit neuen kombinieren kann, desto angemessener werden die Vorstellungen sein, die man sich macht. Auf praktischer Ebene legt dieser Ansatz nahe, schon kleine Kinder gezielt für Naturphänomene zu interessieren, denn nur wenn sie früh vielschichtige Erfahrungen entsprechender Art machen, können sich ihre Gedanken zum Thema weiterentwickeln.

Verschiedene Formen bereichsspezifischer Ansätze

Die Enrichment-Sicht

Innerhalb der bereichsspezifischen Ansätze lassen sich zwei Auffassungen des Theorie- und Wissenserwerbs unterscheiden, die einander auf den ersten Blick zu widersprechen scheinen: So gehen Vertreter der so genannten *Enrichment*-Sicht – z.B. die amerikanische Forscherin Elisabeth Spelke – davon aus, dass Kinder von Geburt an über ein bestimmtes Kernwissen verfügen und Entwicklung hauptsächlich in einer Erweiterung oder Anreicherung bereits vorhandenen Wissens und vorhandener Begriffe besteht.

Kinder kommen mit Kernwissen in verschiedenen Bereichen zur Welt, das den Ausgangspunkt für alles weitere Lernen darstellt.

Konkret wird angenommen, dass Neugeborene über Kernwissen in den Bereichen Physik, Psychologie, Mathematik und Sprache verfügen. Die Wissenskerne der Naturwissenschaften beschreiben fundamentale Prinzipien, nach denen die Objekte sich verhalten, z.B. in der Physik das Trägheitsprinzip: Unbelebte Objekte bewegen sich auf gleichförmigen Bahnen, solange keine Kraft von außen auf sie einwirkt. Solches Wissen ist Säuglingen nicht unbedingt bewusst, und sie können es auch nicht in Worte fassen.

Aber schon die Allerkleinsten berücksichtigen bestimmte physikalische Gesetzmäßigkeiten, wenn sie Vorhersagen machen. Sie reagieren z.B. durchaus erstaunt, wenn eine gerade rollende Kugel unter einer Abdeckung verschwindet und auf der anderen Seite nicht in Verlängerung ihrer ursprünglichen Bewegungsbahn wieder auftaucht, sondern in einer ganz anderen Ecke. Die moderne Säuglingsforschung hat für eine Vielzahl von Naturphänomenen nachweisen können, dass Kinder schon lange, bevor sie sprechen, über ihre Umwelt nachdenken und Erwartungen ausbilden.

Die Conceptual-Change-Sicht

Anhänger der *Conceptual-Change*-Sicht betonen, dass Kinder ihre Theorien und Vorstellungen über Naturphänomene oder andere Gegebenheiten im Verlauf der Entwicklung stetig verändern und überarbeiten. Nach Susan Carey, die zusammen mit Elisabeth Spelke an der Harvard University lehrt, unterscheiden sich die intuitiven Theorien, die Kinder zur Erklärung der Welt bilden, fundamental von denen Erwachsener. Kinder verstehen nämlich unter den Begriffen, die in solchen Theorien eine wichtige Rolle spielen, oft etwas ganz anderes als die Fachleute. Wenn solche Basisbegriffe ihre Bedeutung verändern - z.B. das Konzept *Kraft*, mit dem sich Kinder von Geburt an beschäftigen, das dann aber in der weiterführenden Schule neu definiert wird -, müssen die Theorien, in denen solche Begriffe vorkommen, grundlegend umstrukturiert werden. Anders als Spelke betont Carey also nicht das Prinzip der Anreicherung von Wissen, sondern dessen Einbettung in naive Theorien, die sich - abhängig vom jeweiligen Begriffsverständnis der Kinder - mit dem Alter verändern.

Naturwissen ist von Beginn an vernetzt und wird in naive Theorien eingebunden, die sich in Abhängigkeit von Vorerfahrungen verändern.

Für die naturwissenschaftliche Bildung ergibt sich daraus die Einsicht, dass es nicht genügt, Kindern einfach nur Erfahrungen mit der Natur zu ermöglichen und auf diese Weise Inseln intuitiven Wissens zu schaffen. Vielmehr scheint es wichtig, sich stets klarzumachen, dass Kinder ihr Wissen von Anfang an vernetzen und ihre eigenen Begriffe in Theorien einbetten, um sich Naturphänomene zu erklären. Je weiter diese intuitiven Begriffe und Theorien von dem entfernt sind, was ihnen später kulturell vermittelt wird, desto mühsamer und frustrierender wird es, sich dann mit Naturwissenschaft auseinanderzusetzen.

Wie bereits angedeutet, scheinen sich die Ideen von Spelke und Carey auf den ersten Blick zu widersprechen. Das ist in Wirklichkeit aber nicht der Fall. So kann es durchaus sein, dass angeborenes Kernwissen existiert und sich im Verlauf des Lebens nicht verändert, während es gleichzeitig Erfahrungswissen gibt, das Kinder in naive Theorien einbetten, die immer wieder neu der Realität angepasst werden.

4.2 Der Erkenntnisprozess

Erwartungen und Hypothesen bilden

Dass schon Säuglinge zur Erwartungsbildung in der Lage sind, weiß man aus Versuchen zur Denkentwicklung und aus Alltagsbeobachtungen. So wird das einjährige Kind großen Spaß daran finden, wenn ein Erwachsener sich versteckt und wieder zum Vorschein kommt, weil es auf dem Moment des Auftauchens wartet und sich freut, wenn seine Erwartung Bestätigung findet.

Von konkreten Erwartungen zu regelbasierten Hypothesen

Erwartungen sind die Vorläufer von Hypothesen. Sie beziehen sich auf einen ganz konkreten Vorgang und spiegeln eine Vorhersage wider, die das Kind macht, indem es sich an ähnliche Situationen erinnert und die dort gemachten Erfahrungen auf die neue Situation überträgt.

Abb. 4.1: Erwachsene begleiten das Kind bei seinem Prozess der Erkenntnisgewinnung

Ein Beispiel:

„Um Mamas Stuhl zu schieben, habe ich viel Kraft gebraucht. Wenn ich Papas Stuhl schieben will, wird es ähnlich sein.“

Regelbasierte Hypothesen werden im vorliegenden Zusammenhang als verallgemeinerte Erwartungen verstanden. Sie haben etwas mit der Anwendung allgemeiner Regeln zu tun.

Ein Beispiel:

„Je schwerer ein Gegenstand ist, desto mehr Kraft brauche ich, um ihn zu bewegen. Weil Papas Stuhl schwer ist, werde ich viel Kraft brauchen, ihn zu schieben.“

Wie man an diesen unterschiedlichen Formulierungen merkt, ist Wissen auf verschiedenen Abstraktionsebenen gespeichert und abrufbar – einmal ganz konkret gebunden an bestimmte Situationen und einmal als Abstraktion von vergleichbaren Situationen. Sobald es gelingt, unterschiedliche Erfahrungen in Form allgemeiner Aussagen und Regeln zusammenzufassen, können die neu abstrahierten Regeln genutzt werden, um in einer Vielzahl von Situationen gezielt Hypothesen zu bilden und zu überprüfen.

Es sollte daher ein wichtiges Ziel der naturwissenschaftlichen Denkförderung sein, Kinder zur Formulierung von regelbasierten Hypothesen anzuregen. Dabei muss man sich jedoch klar machen, dass für Kinder im Kindergartenalter schon die Formulierung von einfachen Erwartungen eine große Herausforderung darstellt. Immerhin müssen sie dafür ihre Vorstellungen aktivieren und in Worte fassen. Aber das ist nicht die einzige Schwierigkeit, die es zu überwinden gilt.

Herausforderungen beim Hypothesenbilden

Kinder, die Hypothesen bilden, haben oft noch Schwierigkeiten zu beurteilen, welche Situationen vergleichbar sind und welche nicht. So kann es einerseits passieren, dass sie Erfahrungen noch nicht von einer auf die andere Situation übertragen, weil sie die Ähnlichkeit nicht entdecken, oder dass sie Situationen als sehr ähnlich beurteilen, obwohl sie sich in wichtigen Punkten unterscheiden. Erwachsene können Kindern einerseits helfen, Verbindungen zu einer anderen Erfahrung herzustellen, z.B. indem sie vergleichbare Situationen in Erinnerung rufen und nach Gemeinsamkeiten zwischen Phänomenen fragen. Andererseits können sie die Kinder unterstützen, Unterschiede zu entdecken, z.B. indem sie beim Experimentieren fragen, was vorher anders war als jetzt. Dabei gilt es zu beachten, dass die Beurteilung der Ähnlichkeit letztlich dem Kind überlassen bleibt, denn nur, wenn das Kind sie für sich selbst erkennt, hat es tatsächlich etwas begriffen.

Um Erwartungen bilden zu können, brauchen Kinder Übung darin, Ähnlichkeiten und Unterschiede zwischen Situationen zu benennen.

Eine wichtige Voraussetzung für die Entwicklung des Hypothesenbildens besteht darin, dass Kinder lernen, sich Zeit zu nehmen, über eine Situation nachzudenken, bevor sie handelnd in ein Geschehen eingreifen. Es kommt nämlich nicht nur darauf an, Erfahrungen zu sammeln und zu ordnen, sondern auch darauf, dem Denken vor dem Handeln Raum zu geben. Darin genau besteht die Erwartungs- und Hypothesenbildung. Weil kleine Kinder mit der Hemmung von Handlungsimpulsen oft noch Schwierigkeiten haben, wollen sie alles sofort ausprobieren.

Es wird einem Kind aber erst dann Spaß machen, über eine Situation nachzudenken und Erwartungen zu formulieren, wenn es ausreichend Erfahrungen mit einem Phänomen sammeln durfte, schon Worte kennt, mit denen es beschreiben kann, was es sieht und wenn es sich bereits eigene Gedanken zum Thema gemacht hat.

Gibt ein Kind auf die Frage „Was glaubst du, wird passieren?“ keine Antwort, ist es dafür wohl noch zu früh. Dies wird bei Drei- bis Vierjährigen häufig vorkommen. Auch sie lieben es, an Versuchen beteiligt zu sein und Dinge auszuprobieren. Doch ihre Möglichkeiten, konkrete Erfahrungen mit anderen Situationen zu vergleichen, bewusst über Unterschiede und Gemeinsamkeiten nachzudenken oder sogar darüber zu sprechen, ist unter Umständen noch eingeschränkt. Trotzdem hilft es auch ihnen, wenn sie zuhören, wie andere Kinder Vorhersagen machen. So nehmen sie sich Zeit zum Denken, erweitern sie ihren passiven Wortschatz, und es erhöht sich die Wahrscheinlichkeit, dass sie beim nächsten Mal eigene Erwartungen benennen.

Kindern fällt es schwer, Erwartungen zu formulieren, bevor sie etwas ausprobieren. Erwachsene sollten ihnen helfen, sich dafür Zeit zu nehmen.

In aller Regel zeigt sich bei Kindern im konkreten Handeln mehr Wissen als in der bewussten Urteilsbildung. Ein Beispiel mag dies verdeutlichen: Der Psychologe Horst Krist und seine Mitarbeiter haben untersucht, was fünf- bis zehnjährige Kinder beim Zielwurf über die Bedeutung von Zieldistanz und Abwurfhöhe wissen. In einer *Handlungsaufgabe* sollten die Kinder einen Ball so von einer Plattform stoßen, dass er in einem Zielring landet. In einer *Urteilsaufgabe* sollten die Kinder auf einer Skala (einer Art Tachometer) angeben, wie stark der Ball angestoßen werden muss, um im Ziel zu landen. Für beide Aufgaben wurden die Höhe der Plattform und die horizontale Zieldistanz variiert. Während die Kinder - und auch einige Erwachsene - in der Urteilsaufgabe häufig falsche Regeln anwendeten (z.B. „Je höher die Abwurfhöhe, desto höher die benötigte Abwurfgeschwindigkeit"), konnten schon die jüngsten Kinder in der Handlungsaufgabe Zieldistanz und Abwurfhöhe richtig integrieren und stießen Bälle nicht so stark an, wenn die Abwurfhöhe größer oder die Zieldistanz geringer war. Urteile und Handlungen passten also nicht zusammen.

Kinder müssen sich der physikalischen Regeln, die sie in ihrem Handeln intuitiv richtig berücksichtigen, erst bewusst werden.

Verschiedene Beobachtungen miteinander in Beziehung zu setzen, Ähnlichkeiten und Unterschiede festzustellen und mit anderen über die eigenen Beobachtungen zu sprechen, fördert den Prozess, Erfahrungen ins Bewusstsein zu heben und Gesetzmäßigkeiten zu erkennen. Das gilt für jedes Alter.

Praxistipps

- Ein guter Weg, die Hypothesenbildung zu fördern, besteht darin, Kindern zunächst Gelegenheit zu geben, sich einem Phänomen in verschiedenen Variationen frei, spielerisch und aktiv zu nähern, ohne als Erwachsener irgendwelche Vorgaben zu machen. Diese Phase ist wichtig, damit Kinder vielfältige Erfahrungen sammeln, die den Ausgangpunkt für die Bildung aller Erwartungen darstellen.
- In einem zweiten Schritt kann man mit den Kindern über diese Erfahrungen sprechen. So baut sich langsam Routine im Umgang mit Wörtern auf, die Erfahrungen kommunizierbar machen.
- Gelingt auch dies schon recht gut, ist die Zeit gekommen, Kinder aktiv in ihrer Erwartungs- und Hypothesenbildung zu fördern. Das gelingt am besten, indem man von einem Grundexperiment ausgehend immer neue, leicht abgewandelte Versuche durchführt und die Kinder raten lässt, was als Nächstes passieren wird.

- Dabei darf man nicht zu viele Faktoren auf einmal variieren. Am besten wird immer nur ein Aspekt verändert, z.B. das Gewicht *oder* die Größe *oder* das Material von Gegenständen, wenn man mit den Kindern erforscht, was alles schwimmen kann. Das erleichtert es ihnen, den Überblick zu behalten und von der Erwartungsbildung zur regelbasierten Hypothesenbildung überzugehen.
- Beim Experimentieren in der Gruppe sollten auch die stillen Kinder zur Formulierung von Erwartungen oder Hypothesen ermutigt werden.
- Folgende Rahmenbedingungen können für das Hypothesenbilden hilfreich sein:
  - Von körperlichen Erfahrungen ausgehen
  - Grundlegende Experimente zunächst oft wiederholen
  - Mit Kindern über Beobachtungen sprechen
  - Versuchsbedingungen immer wieder leicht variieren
  - Über Unterschiede und Gemeinsamkeiten von Beobachtungen sprechen
  - Kinder darin unterstützen, erst nachzudenken, bevor sie handeln
  - Kinder dazu ermutigen, Erwartungen oder Hypothesen zu formulieren.

Beobachten und Beschreiben

Beobachten hat viele unterschiedliche Dimensionen. Es geht dabei um weitaus mehr als nur darum, die Augen auf einen bestimmten Punkt gerichtet zu halten. Man kann Objekte und Phänomene oberflächlich oder genau beobachten. Man kann staunend die Augen aufreißen und alles breit und ungefiltert auf sich einwirken lassen. Oder man achtet von vornherein ganz gezielt auf bestimmte Aspekte und blendet alles andere aus.

Die Entwicklung des Beobachtens

Ganz junge Säuglinge müssen unterschiedliche Arten des Sehens erst lernen. Ihre Augen sind noch nicht richtig koordiniert und ihr Sehvermögen ist eingeschränkt. Ihr Blickverhalten ist zunächst vom Stammhirn gesteuert, und erst nach einigen Lebenswochen übernimmt die Hirnrinde diese Funktion. Besonders auffällig bei sehr jungen Kindern ist, dass sie ihren Blick sofort auf alles wenden, was sich bewegt. Wo etwas passiert, sich verändert oder den Ort wechselt, da wandern die Augen unwillkürlich hin. Je mehr passiert, desto weiter werden die Augen aufgerissen. Sobald Babys gelernt haben, Objekte zu fixieren, gelangen sie in eine Phase der *obligatorischen Aufmerksamkeit*. In dieser Phase können sie ihre Augen nur schwer von einem einmal fixierten Ziel lösen.

Schon kurze Zeit danach, mit etwa einem halben Jahr, lässt sich feststellen, dass sie ihre Blickbewegungen sehr gut unter Kontrolle haben. Im Umgang mit Spielzeug, das Babys schon bald gezielt mit den Händen untersuchen, zeigt sich, dass die Aufmerksamkeit der Kinder auf ganz bestimmte Teile des Spielzeugs gerichtet ist. Hand und Blick arbeiten dabei stets eng zusammen und ermöglichen so die genaue Betrachtung von Bildern oder Objekten.

Gezieltes Beobachten

Es sind diese Situationen, in denen das Kind selbst aktiv handelt, die leicht als gezieltes Beobachten identifiziert werden können. Lange Zeit dachte man deshalb, dass Lernen für Kinder nur dann effektiv ist, wenn sie mit dem Körper im Einsatz sind. Doch Kinder sind auch passiv sehr genaue Beobachter. Wichtig ist, dass sie an einem Objekt oder Vorgang wirklich interessiert sind. In der Regel wollen Kinder dann auch mitmachen und nicht nur als Zuschauer danebenstehen.

Jedes Kind weiß in der Regel selbst am besten, ob es in einer Situation Zuschauer oder Mitmischer sein möchte. Lernen kann man auf beide Arten.

Es gibt aber auch solche, die schüchtern sind oder sich besser konzentrieren können, wenn sie nicht handelnd eingebunden sind, sondern einfach nur zuschauen. Man darf nämlich nicht vergessen, dass viele jüngere Kinder leicht überfordert sind, wenn sie alles auf einmal tun müssen: ihr eigenes Handeln planen und gleichzeitig genau sehen und einordnen, was gerade passiert.

Analytisches und ganzheitliches Betrachten

Innerhalb der Entwicklungspsychologie gibt es einen schon lange währenden Streit, der sich um die Frage dreht, ob jüngere Kinder ganzheitlich wahrnehmen oder analytisch.

Unter einer ganzheitlichen Wahrnehmung versteht man die Wahrnehmung einer Situation oder eines Gegenstandes als unanalysiertes Ganzes, während analytische Wahrnehmung die Beachtung einzelner Details bedeutet. Ob in einer gegebenen Situation eher ganzheitlich oder analytisch wahrgenommen wird, hängt von vielen Rahmenbedingungen ab.

Ist das Kind mit dem Beobachteten erst wenig vertraut, wird zunächst nur grob und unanalysiert verarbeitet. Hat das Kind schon viel Erfahrung mit ähnlichen Situationen oder Gegenständen, so steigt die Wahrscheinlichkeit, dass es an bestimmten Details besonders interessiert ist und analytisch wahrnimmt. Mit zunehmender Fertigkeit lernen Kinder immer besser, verschiedene Details wieder zu einem ganzheitlichen Wahrnehmungseindruck zu verknüpfen.

Neues Wissen wird vor allem durch gezielte Beobachtung erworben, und genaue Beobachtung führt zu neuem (differenzierterem) Wissen.

Für die Entwicklung der naturwissenschaftlichen Beobachtung ist beides wichtig. Kinder sollen sich von Naturphänomenen und -ereignissen zunächst ganzheitlich beeindrucken lassen und offen für alle Sinneswahrnehmungen sein, die damit zusammenhängen. Dann müssen sie aber auch lernen, auf bestimmte Einzelheiten genau zu achten.

Hier greifen Vorkenntnisse, Hypothesenbildung und Beobachtung eng ineinander. Wenn das Kind schon etwas über ein gegebenes Phänomen weiß, wird es eher konkrete Erwartungen oder gar Hypothesen im Kopf haben. Und wenn es konkrete Hypothesen im Kopf hat, wird es genauer beobachten. Es handelt sich folglich um eine Art Kreisbeziehung.

Beobachtung und Sprache

Für das Beobachten besonders bedeutsam ist auch der Umgang mit Sprache. Sprache ist ein Medium, mit dem die Wahrnehmung gesteuert werden kann. Sprache bestimmt zugleich mit, wie man das Beobachtete im Gedächtnis verankert.

Kleine Kinder lernen gerade erst, sich sprachlich auszudrücken. Oft fehlen ihnen noch Worte für das, was sie sehen. Erwachsene können ihnen helfen, Beobachtungen begrifflich zu fassen. Doch sie sollten sich dabei stets bewusst sein, dass man auf diese Weise Filter in die Wahrnehmung der Kinder einbaut und dass diese Filter den individuellen unvoreingenommenen Blick von Kindern verschleiern können. Es empfiehlt sich daher, neue Worte, die Erwachsene in Gespräche über Naturphänomene einfließen lassen, sehr genau auszuwählen. So kann man Begriffe, die von den Kindern selbst zur Beschreibung eines Vorgangs oder Phänomens gewählt werden, aufgreifen. Man kann aber auch ganz bewusst neue Wörter einführen, damit sich der Wortschatz der Kinder erweitert und ihre Aufmerksamkeit auf bestimmte Aspekte der Situation gelenkt wird, die das Verständnis eines Naturphänomens vertiefen.

Praxistipps

- Zu Beginn der Auseinandersetzung mit einem Naturphänomen geht es darum, möglichst viele Sinne der Kinder anzuregen und während der Beobachtung ganzheitliches Staunen auszulösen.
- Oft wollen Kinder interessante Effekte immer wieder sehen, um sie auf diese Weise zu verinnerlichen und Erwartungen auszubilden. Dazu sollte ausreichend Gelegenheit bestehen.
- Man kann Kinder erst dazu anregen, auf bestimmte Details besonders zu achten, wenn sie zuvor die Gelegenheit hatten, sich schon einige Zeit selbstständig mit einem Effekt/Phänomen vertraut zu machen.

- Bei der Auswertung von Beobachtungen ist es ist hilfreich, verschiedene Kinder einer Gruppe zu fragen, was ihnen aufgefallen ist. Werden Einzelbeobachtungen aufgegriffen, dann sollten dabei Worte benutzt werden, die auch die Kinder verwenden. Der Wortschatz der Kinder lässt sich behutsam erweitern, indem man ihn gezielt durch eine geringe Anzahl neuer Begriffe ergänzt.

Versuche und Experimente durchführen

Neugier ist ein angeborenes Gefühl und ein starkes Motiv, die Welt zu erkunden. Gerade weil sich kleine Kinder ihrer Umgebung neugierig nähern und sie aktiv erkunden, beschreibt man sie oft als kleine Forscher. Versuch und Irrtum sind Grundprinzipien allen Lernens, und damit ist bereits gesagt, dass Versuche für Kinder zum Alltag gehören. Doch Versuche und Experimente sind nicht unbedingt das gleiche. Worin die Unterschiede bestehen, wird nachfolgend erläutert.

Versuche mit Variationen

Schon die Allerkleinsten probieren permanent etwas aus und haben Freude daran, interessante Effekte zu wiederholen. Dabei beziehen sie sich zunächst auf Effekte, die sie mit ihrem eigenen Körper produzieren können – zum Beispiel wenn ein Baby in der Wiege an seinen Fingern zupft, Laute produziert oder Spuckebläschen macht. Kurze Zeit später lernen Kinder, auch mit Hilfe von Objekten, die nicht zum eigenen Körper gehören, etwas zu bewirken. So kennt jedes Elternteil die Phase, in der Kinder mit Vorliebe unterschiedliche Gegenstände vom Hochstuhl fallen lassen, um zu sehen und zu hören, was passiert. Mitunter ist die Ausdauer bei solchen Tätigkeiten beeindruckend, und man kann sagen, dass die Kinder bereits gezielt Versuche durchführen, um etwas über die Gegenstände zu erfahren.

Wenn ein Kind bereits mit einem Effekt vertraut ist, wird es nach Variationen suchen, um zu sehen, wie sich der Effekt unter diesen Umständen verändern.

Ältere Kinder geben sich nicht mehr leicht mit der häufigen Wiederholung einfacher Vorgänge zufrieden. Sie brauchen komplexere Lernumgebungen, um längere Zeit konzentriert bei der Sache zu bleiben und echte Neugier zu entwickeln. Versorgt man sie mit ansprechenden Materialien, so werden sie sich bereitwillig stundenlang mit diesen Dingen beschäftigen und sich immer neue Versuche ausdenken. Diese Erfahrungen mit verschiedenen Variationen einer Tätigkeit schaffen die Grundlage dafür, Wissen über die Welt aufzubauen und eigene Fragen zu entwickeln.

Von Versuchen zu Experimenten

Aber die beschriebenen Versuche sind noch nicht das gleiche wie richtige Experimente im naturwissenschaftlichen Sinn. Damit man von wissenschaftlichen Experimenten sprechen kann, muss noch etwas dazu kommen: Am Anfang steht eine konkrete Hypothese. Ausgehend von dieser Hypothese wird ein Experiment so geplant, dass es am Ende eine klare Bewertung der Ausgangsüberlegung und nach Möglichkeit auch die Beantwortung einer Forscherfrage erlaubt. Das sind sehr strenge Anforderungen, denen kindliche Versuche normalerweise noch nicht gerecht werden.

Kleine Kinder gehen oft assoziativ vor und hüpfen von einer experimentellen Idee zur anderen. Nicht selten werden mehrere Dinge gleichzeitig variiert. Erst im Jugendalter lernen Kinder laut Piaget, systematisch Experimente zu planen und durchzuführen, um komplexe Fragen beantworten zu können. Aber diese Fähigkeit entsteht nicht von allein, sie entwickelt sich. Der Anfang zu dieser Entwicklung liegt in der frühen Kindheit.

Experimente werden durchgeführt, um bestimmte Hypothesen zu prüfen. Dabei werden einzelne Aspekte gezielt variiert und andere konstant gehalten.

Ähnlich, wie man von Erwartungen zu Hypothesen kommt, kommt man auch von Versuchen zu Experimenten. Ein wichtiger Unterschied besteht in beiden Fällen darin, dem Denken vor dem Handeln mehr Zeit einzuräumen und sich bewusst zu machen, was man tut.

Experimente, die Kinder planen, führen in der Regel nicht zu eindeutigen Schlussfolgerungen, weil zu viele Aspekte gleichzeitig verändert werden. Anfängern beim Forschen ist oft nicht klar, dass man möglichst nur eine Variable variieren und alle anderen Rahmenbedingungen gleichzeitig konstant halten sollte, wenn man herausfinden möchte, welche Bedeutung die Zielvariable hat.

Gerade weil man davon ausgehen muss, dass kleine Kinder noch große Schwierigkeiten haben, auf mehrere Dimensionen gleichzeitig zu achten, ist es wichtig, Lernumgebungen überschaubar zu gestalten und Antworten auf ganz bestimmte Fragen geben.

Praxistipps

- Wer Kindern das Experimentieren nahebringen möchte, sollte zunächst ihren Spaß an Versuchen fördern und sich dabei möglichst wenig einmischen, damit die Kinder eigene Fragen im Umgang mit einem Phänomen finden können.
- Im Rahmen von Versuchen werden vielschichtige Beobachtungen gemacht, die man in der Gruppe zusammentragen kann und die den Ausgangspunkt für die Formulierung von Erwartungen und Hypothesen bilden.
- Steht eine bestimmte Hypothese im Raum, kann man gemeinsam mit den Kindern überlegen, wie sie sich am besten überprüfen lässt. Bei der Planung einer entsprechenden Lernumgebung sollte man versuchen, das Material so auszuwählen, dass die Hypothese tatsächlich getestet und die Ausgangsfrage beantwortet werden kann. Das gelingt am ehesten, wenn nicht zu viele Faktoren auf einmal verändert werden.
- Nicht immer wird es möglich sein, gezielt zu experimentieren. Müssen verschiedene Aspekte gleichzeitig variiert werden, sollten Erwachsene bei der Reflexion von Beobachtung gemeinsam mit den Kindern überlegen, welche alternativen Erklärungen für einen gegebenen Effekt in Frage kommen.

Ergebnisse bewerten

Jede Beobachtung im Rahmen eines geplanten Experiments wird ursprüngliche Erwartungen/Hypothesen bestätigen oder widerlegen. Die Rückbindung von Beobachtungen an die Ausgangsüberlegungen ist ein sehr wichtiger Prozess, der beim naturwissenschaftlichen Erkenntnisgewinn nie fehlen darf.

Es kann nicht sein, was nicht sein darf

Aus entwicklungspsychologischer Perspektive scheint besonders interessant, dass gerade kleine Kinder häufig dazu neigen, Beobachtungen, die nicht zu ihren Erwartungen passen, zu ignorieren, um an ihren eigenen Annahmen festhalten zu können. Nicht selten wollen sie einen gegebenen Versuch lieber so oft wiederholen, bis die Beobachtung zur Hypothese passt, als nach den Ursachen von falschen Erwartungen zu suchen. Das gilt allerdings erst dann, wenn sie schon konkrete Vorstellungen über einen Phänomenbereich entwickelt haben. Dieses alterstypische Phänomen lässt sich einfach erklären.

Drei- bis Sechsjährige fangen eben erst an, sich der Ordnung und Regelhaftigkeit von Naturphänomenen bewusst zu werden. Ihre naiven Erklärungsmodelle sind noch nicht gut an die Realität angepasst, aber sie helfen ihnen schon jetzt, Stabilität zu finden. Diese gerade entstehende Stabilität gibt man nicht ohne Not auf. Das gilt übrigens auch für Erwachsene, wenn sie eben erst beginnen, in einem bestimmten Bereich Wissen aufzubauen.

Wenn man mit Kindern experimentiert, muss man sich also darauf gefasst machen, dass unerwartete Ereignisse manchmal umgedeutet werden, damit sie zur kindlichen Theorie passen. Oft genügt es den Kindern nicht, einen überraschenden Effekt nur einmal zu sehen, um überzeugt zu sein, dass man seinen Augen trauen kann. Trotzdem verstehen schon Vorschulkinder, dass man auch falsche Annahmen haben kann, und bleiben prinzipiell offen für neue Erfahrungen.

Erklärungen für Effekte

Schon Babys denken über Ursache und Wirkung nach. Wer ein Experiment durchführt, sucht letztlich nach der Ursache für einen bestimmten Effekt.

Im Vorschulalter unterscheidet sich das kausale Denken der Kinder nicht mehr wesentlich von dem Erwachsener.

- Sie nehmen an, dass ein Ereignis im Regelfall eine Ursache hat (das Prinzip des *Determinismus*).
- Sie gehen bei der Suche nach Ursachen davon aus, dass als Ursachen nur solche in Frage kommen, die dem Effekt zeitlich vorangehen, und nicht solche, die ihm nachfolgen (Prinzip der *zeitlichen Priorität*).
- Sie machen Annahmen darüber, auf welche Weise ein fraglicher Effekt zustande gekommen sein kann (Prinzip des *Mechanismus*).

Viele Ereignisse in der Natur haben mehr als eine Ursache, und diese Ursachen lassen sich auf unterschiedlichen Abstraktionsebenen beschreiben. Wenn Kinder nach Erklärungen suchen, werden sie sich aus ihrem bereits vorhandenen Wissensschatz bedienen. Im Kindergartenalter hat dies nicht selten zur Konsequenz, dass sie unbelebten Gegenständen Ziele und Wünsche unterstellen, weil sie sich damit schon gut auskennen. So ist es leicht zu sagen, dass der Wind weht, weil er es so will. Aber es wird wohl kaum ein Kind geben, das von sich aus die Zusammenhänge zwischen Luftdruckunterschieden und Luftbewegungen erklären kann.

Damit Kinder Beobachtungen richtig deuten können, brauchen sie Wissen über ein Phänomen.

Wenn in der Kindertageseinrichtung oder zu Hause Experimente gemacht werden, sollten Erwachsene stets behutsam mit den Erklärungsversuchen von Kindern umgehen. Es ist entscheidend, sich immer wieder klar zu machen, dass Kinder erst dann neues Wissen annehmen, wenn sie selbst offen für die Antwort sind. Lange wortreiche Erklärungen rauschen in aller Regel an ihnen vorbei. Erklärungen für Kinder müssen verständlich sein und dürfen nicht zu viele Teilschritte enthalten. Wird es zu kompliziert, schalten die Kinder ab.

Am größten ist der Erkenntnisgewinn zweifellos, wenn das Kind die Erklärung selbst entdecken darf. Ist das nicht möglich, so können Erwachsene Kindern im Gespräch helfen, eigene Deutungsversuche zu entwickeln.

Die Frage „Warum?"

Angeblich stellen Kinder im Kindergartenalter permanent die Frage „Warum?" Im Einzelfall mag das stimmen, aber die Mehrheit der Kinder fragt dies eher selten. Oft scheitert es an den sprachlichen Kompetenzen.

Erwachsene fühlen sich leicht überfordert, wenn jüngere Kinder sie mit der *Warum*-Frage konfrontieren. Zum Teil kennen sie selbst die Antwort nicht und zum Teil fehlen ihnen die Worte, um einen Sachverhalt kindgerecht zu erklären. Das führt nicht selten dazu, dass versucht wird, das Kind abzuspeisen oder von der Frage abzulenken. Geschieht dies zu oft, wird sich das Kind die Frage nach dem „Warum" rasch abgewöhnen.

Erwachsene sollten aufhören, von sich zu verlangen, den Kindern in jedem Fall direkt eine Antwort zu geben. Sie sollten vielmehr dazu übergehen, die Frage gemeinsam mit den Kindern zu stellen und dann zusammen zu überlegen, wie man einer Antwort näher kommen kann.

Schon Konfuzius wusste: „Erzähle mir und ich vergesse, zeige mir und ich erinnere, lass es mich selbst tun und ich verstehe!"

Erwachsene sollten Kindern genügend Raum und Zeit lassen, selbst Deutungsversuche zu wagen, weil nur so wirkliche Erkenntnisprozesse angestoßen werden. Es ist eine große Kunst, das Kind als Erziehungsperson auf seiner Suche nach Erkenntnis nicht zu bevormunden oder zu gängeln, sondern durch die Schaffung geeigneter Lernumgebungen zum Weiterdenken und -forschen zu motivieren.

Praxistipps

- Wenn Kinder ihren Augen nicht trauen, sollte man ihnen Zeit lassen, Effekte immer wieder anzuschauen, bis sie die Beobachtung akzeptieren können.
- Wenn Kinder Deutungen vornehmen, die falsch sind, ist es sinnvoller, mit ihnen zusammen zu überlegen, wie man ihre Annahmen testen könnte, statt einfach zu sagen: „Das stimmt nicht!“
- Hilfreich kann es sein, die Kinder untereinander über unterschiedliche Erklärungen für eine Beobachtung diskutieren zu lassen, ohne sich einzumischen. Kinder geben sich gegenseitig Anregungen zum Nachdenken und kommen oft auf eigene Ideen, wie sie herausfinden können, wer Recht hat.
- Wenn Kinder direkt nach dem Warum fragen, lohnt es sich, die Frage aufzugreifen und gemeinsam mit ihnen weiterzuverfolgen. Im ersten Schritt sollte man die Frage seinerseits den Kindern stellen, um ihnen Gelegenheit zum Nachdenken zu geben.
- Für die gemeinsame Suche nach Antworten lohnt sich der Blick in Bücher, das Aufsuchen von Experten oder die Nutzung anderer Medien. Es ist für Kinder sehr hilfreich zu sehen, was Erwachsene tun, wenn sie selbst offene Fragen haben.
- Erklärungen der Erwachsenen sollten möglichst nahe am Wortschatz und Wissenshintergrund der Kinder bleiben.

IV Naturwissenschaftliches Denken – pädagogische Praxis

5 Vorstellung verschiedener Förderansätze und die Umsetzung in die Praxis

Nachfolgend werden verschiedene Förderansätze vorgestellt, die von sehr ähnlichen Vorstellungen über die Bedürfnisse der Kinder und die Möglichkeiten der Unterstützung naturwissenschaftlichen Denkens ausgehen. Damit möglichst vielfältige Einblicke gewonnen werden können, was bei der Umsetzung zu beachten ist, werden bei jedem Konzept andere Aspekte besonders hervorgehoben. Das betrifft die Haltung pädagogischer Fachkräfte, den Einsatz von Medien und Experten zur Erkenntnisgewinnung im Alltag der Kindertageseinrichtung, die Integration von Geschichten, Spielen und Bastelarbeiten in den ganzheitlichen Forscherprozess sowie die Gestaltung von Lernumgebungen und Lernorten. An zahlreichen Beispielen aus der Praxis wird zudem illustriert, wie sich die einzelnen Förderprogramme konkret im Alltag integrieren lassen.

5.1 Experimentier-Werkstatt

Pit Brüssel

Grundlagen

Die Experimentier-Werkstatt ist ein offener Ansatz zum selbsttätigen, experimentellen, forschenden Lernen in der Kindertageseinrichtung und Grundschule.

Die Grundlage für das Arbeiten mit diesem Konzept sind die Beobachtungen und Fragen der Kinder – Alltagssituationen, an denen sich kindliche Fragen entzünden. Kinder werden als aktive, sich selbst bildende Wesen verstanden. Gemeinsam mit ihnen machen sich Erwachsene auf Entdeckungsreise. Die Erzieherinnen begleiten und unterstützen die Kinder beim selbständigen Forschen.

Wichtiger als das Ziel ist der Weg. Es gibt nichts falsch zu machen. Alle arbeiten zusammen nach dem Prinzip Schatzsuche statt Fehlersuche.

Die Experimentier-Werkstatt bietet keinen Katalog von Forscherfragen und Experimenten zum Nachmachen. Sie geht bewusst den Weg der Vielfalt und Individualität. Individuelles und selbsttätig entdeckendes Lernen erscheint angesichts des Wechsels der Industriegesellschaft zur Wissensgesellschaft eine sinnvolle Investition in die Zukunft zu sein. Auf die Frage „Was brauchen Kinder, die in 20 bis 25 Jahren ins Berufsleben gehen und es dann mit Techniken und Medien zu tun haben, die heute zu gut 80 Prozent noch nicht mal erfunden sind?" lässt sich antworten: „Sie brauchen vor allem Innovationsfähigkeit, Kreativität und das Selbstbewusstsein, alles lernen zu können, was sie wirklich lernen wollen."

Durch das selbstgesteuerte Experimentieren bekommen Kinder die Chance, die Natur zu verstehen und zu begreifen. Nachfolgend werden die verschiedenen Elemente des Konzeptes der Experimentier-Werkstatt näher ausgeführt. Anschließend wird an konkreten Beispielen deutlich gemacht, wie man sich die Umsetzung in der Praxis vorstellen kann.

Welche Rolle haben die Kinder?

Jedes Kind betreibt mit Energie die Vervollständigung seiner Fähigkeiten. Es will diese merkwürdige Welt aktiv entdecken und entschlüsseln, Erfahrungen machen und Erkenntnisse gewinnen. Wie sollte das anders gehen als durch Versuch und Irrtum?

Ertasten mit Händen und Mund sind frühe Versuche, hinter die Geheimnisse der Dingwelt zu gelangen. Die frühe energische Forderung „Selber!" ist sehr klug, denn Erfahrungen kann jeder Mensch nur selbst machen. Das selbstständige Tun lässt spontan Fragen entstehen, denen nachgegangen werden kann.

Welche Rolle haben die Erwachsenen?

Erwachsene sind Möglichmacher auf unterschiedlichen Ebenen. Zunächst ist damit ganz praktisch gemeint, dass sie Materialien und Ressourcen bereitstellen, die die Kinder zum Forschen benötigen. Ihre Rolle beschränkt sich aber nicht nur auf diese praktischen Aspekte.

Die Moderatorin

Häufig kommen die Kinder beim Forschen auf immer neue Fragen und umkreisen ein Thema – was auch zu ganz anderen oder verwandten Themen führen kann, die plötzlich interessant werden. Hier brauchen sie den Möglichmacher in Form der Moderatorin, die noch mal nachfragt, wo die Reise hingehen soll, die den Kindern hilft, ihren Lösungsweg, ihre Ideen und Erkenntnisse im Gespräch zu sortieren oder zu dokumentieren und sich über ihre eigenen Gedanken und Ziele klar zu werden.

Die Begleiterin

Darüber hinaus besteht die wichtigste Aufgabe darin, Begleiterin zu sein. Das bedeutet auch, die Kinder weder durch Aufforderungen, Belobigungen oder Bestätigungen zu steuern. Das gelingt leichter, wenn man sich klar macht, dass gerade die Umwege, Abwege oder für Erwachsene scheinbare Sackgassen Lernwege sind. Nicht durch das Helfen finden die Kinder zur Selbstständigkeit, sondern ausschließlich durch die eigene Tätigkeit, durch die eigene Leistung, die zur Freude über die eigene Fähigkeit führt. Erwachsene begleiten diesen Prozess emotional, indem sie sich **mit** dem Kind freuen oder ärgern (nicht **über** sie) und ihnen Sicherheit und Zutrauen vermitteln, wenn sie auf Entdeckungsreise gehen.

Erzieherinnen sollten die Kinder beim Forschen also nicht allein lassen, sondern mit ihrer Aufmerksamkeit am Erkenntnisprozess beteiligt sein. Sie überlegen für sich oder besprechen untereinander, wie sie die Kinder am besten unterstützen können und was die Kinder in der aktuellen Situation des Forschungsprozesses für ihre spezifische Entwicklung brauchen. Die Ergebnisse dieser Besprechungen können konkrete Impulse jeder Art sein, sie können die Kinder anregen, ihren Blick vielleicht fokussieren oder erweitern, in jedem Fall aber vor dem Hintergrund des Beobachteten die Kinder herausfordern, erinnern oder zum weiteren Denken anregen. Stets behalten die Kinder jedoch die Freiheit, Impulse von außen zu nutzen oder selbstbewusst zu ignorieren.

Erwachsene sind Möglichmacher. Sie unterstützen Kinder in der Funktion als Moderatoren, Begleiter oder Coach, aber nie als Steuermann.

Die Erzieherin handelt demnach auch als eine Art Coach. Im offenen Dialog mit einem Gegenüber, das Sicherheit und Wohlwollen signalisiert, werden die Kinder zur Veränderung ihres Denkens herausgefordert und bauen neue Strategien auf, die Welt zu verstehen. Die Erzieherin hilft ihnen, sich Informationen zu beschaffen und neue Perspektiven zu entdecken.

Wie sollen Erwachsene mit den Beiträgen der Kinder umgehen?

Jedes Kind in der Gruppe hat etwas zu einer Frage oder Antwort beizutragen. Manchmal sind es gerade die scheinbar abwegigen Ideen, die das Forschungsvorhaben vorantreiben. Und manchmal ist es erst die Kombination von unterschiedlichen Ideen, von mehreren subjektiven Wahrheiten, die zu einer Annäherung an die Wahrheit führt.

Die Erzieherinnen sollten den Kindern nichts erklären, was sie durch aufmerksames Beobachten und Nachvollziehen, durch eigenes Tun und konzentrierte Wiederholung selbst in Erfahrung bringen können. Wenn sie nämlich eine Erfahrung erklärend vorwegnehmen, berauben sie das Kind der Belohnung für die Mühe, sich selbst mit den Fragen auseinanderzusetzen.

Konkret bedeutet dies: Es ist sehr wichtig, Kinder in der ersten Phase des Staunens über einen Effekt nicht mit Fragen zu bombardieren, sondern abzuwarten, bis sie aus einer möglichen Versunkenheit wieder auftauchen, und dann erst das Gespräch zu suchen. Die Fragen der Kinder werden dadurch beantwortet, dass sie zunächst an alle Kinder weitergegeben werden.

Ein Beispiel: „Was meint ihr denn, warum es blubbert, wenn die Flasche unter Wasser gedrückt wird?“

Viele Kinder sind es gewohnt, dass Erwachsene ihnen alles abnehmen und erklären. Daher werden sie erst einmal verwundert sein, wenn die Erzieherin keine Erklärung liefert, aber recht bald Freude daran entwickeln, selbst eine zu suchen. Wichtig ist in jedem Fall, dass die Kinder Zeit haben, über das Gesehene nachzudenken, und dass ein Gespräch darüber untereinander stattfindet.

Sicherlich gibt es immer auch Situationen, in denen Erklärungen sinnvoll sind, in denen die Kinder ohne einen Hinweis oder den Rat eines Erwachsenen nicht weiter kommen können. Aber auch hier gilt: Das Kind muss Akteur seiner eigenen Forschung bleiben und sollte nicht passiv belehrt werden. Die Erzieherin sollte gemeinsam mit den Kindern überlegen, was passieren wird, wenn der Versuch tatsächlich ausgeführt wird. Hypothesen werden für die Kinder aufgeschrieben, anschließend im Experiment getestet und das Ergebnis notiert – wie bei den großen Forschern. Dieses Strukturmerkmal wissenschaftlichen Vorgehens ist eine Hilfestellung, die vom Erwachsenen ausgeht, aber im Dienste des Forschens von Kindern steht.

Kinder brauchen Zeit zum Staunen. Sie sind Akteure ihrer eigenen Forschung.

Man benötigt Zeit, wenn man die Kinder alles selbst machen lässt, aber sie ist gut investiert, wenn damit die Freude am Lernen fester Bestandteil der Persönlichkeit des einzelnen Kindes wird.

Wo beginnt die Entdeckungsreise?

Kinder denken nicht linear, sie denken vernetzt, für sie hat alles mit allem zu tun. Sie kommen vom Geruch des Sommers auf das Thema Meer und wie das viele Salz dort hineinkam, dann fragen sie nach der Sonne und anschließend vielleicht nach dem Mond, den Sternen und Planeten. Das Lernabenteuer beginnt an irgendeiner beliebigen, interessanten Stelle und die Kinder begeben sich spontan fragend auf eine Reise, deren Ziel noch nicht feststeht.

Fördermöglichkeiten

Ausgehend von der Frage, worauf es ankommt, wird nachfolgend über zwei Projekte berichtet, die verschiedene Grundideen der Experimentier-Werkstatt besonders gut verdeutlichen.

Das Marienkäferprojekt

Das Marienkäferprojekt ist in der hier berichteten Form durchgeführt worden. Es ist ein anschauliches Beispiel dafür, wie sich Erzieherinnen gemeinsam mit Kindern auf ein Forschungsabenteuer eingelassen haben, dessen Verlauf niemand im Vorfeld geplant hatte.

Marienkäferplage

In einer Kindertageseinrichtung treten plötzlich Unmengen von Marienkäfern auf. Die Kinder wollen wissen, warum so viele Käfer da sind und welchen Nutzen sie haben. Im Blumengarten gibt es parallel eine Plage von Blattläusen, und die Überlegungen der Kinder bringen beides in Verbindung. Die Erzieherinnen unterstützen die Kinder bei der Suche nach einer Antwort und stellen als Moderatorinnen eine Verbindung zum Experten her. Der städtische Gärtner wird befragt und die Kinder erfahren, dass Marienkäfer Schädlingsbekämpfer sind. Fortan wird jeder Käfer an die Blumen gesetzt und genau beobachtet, ob er auch fleißig Blattläuse vertilgt. Die Kinder zählen, wie viele Blattläuse vorhanden sind und wie viele Käfer. Die Erzieherinnen stellen als Möglichmacher Lupen zur Verfügung und die Kinder zeichnen Käfer in erstaunlichem Variationsreichtum und mit allen Details.

Flugobjekte

Die Flugfähigkeit der Käfer führt dann dazu, dass die Kinder etwas über das Fliegen wissen wollen. Mithilfe der Erzieherinnen als Coaches finden sie ein Buch von Leonardo da Vinci und seinen Flugmaschinen und zeichnen eigene Entwürfe, die schließlich auch als Modell gebaut werden. Dabei entstehen viele neue Fragen, und Flugobjekte aller erdenklichen Art werden ausprobiert und ihre Fähigkeiten erforscht. Erzieherinnen sind dabei Begleiterinnen und teilten die Neugier und die Freude am Experimentieren mit den Kindern.

Die Kinder lassen bei einer Übernachtung in der Kindertageseinrichtung einen Heißluft-Papierballon steigen und bauen Segelflieger und Hubschrauber aus Papier. Die Idee zu diesen Aktivitäten hatten die Kinder gemeinsam mit den Erzieherinnen entwickelt, die daraufhin den Rahmen dafür schaffen, dass die Ideen praktisch umgesetzt werden können.

Die Kinder haben inzwischen ein erstaunliches Wissen über Insekten, Vögel, Flugmaschinen, Auftrieb und Luftströmungen gewonnen. Und nebenbei haben sie sich mit Zielen der Raumfahrt und unserem Sonnensystem beschäftigt.

Die Wasserwerkstatt

Kinder haben einen natürlichen Drang zum Wasser und sind von diesem Element besonders fasziniert. Es bildet folglich eine ideale Ausgangsbasis für selbstgesteuertes Forschen. Dieser Prozess kann in der Natur oder in der Kindertageseinrichtung angestoßen werden.

Das Wasser zum Thema machen

Das Staunen lernen Kinder bereits in der Natur. Aufhänger kann ein Regentag sein oder ein Spaziergang zu einem Teich, Bach oder einfach eine große Pfütze. Die Kinder werden vom Wasser kaum noch wegzubringen sein. Viele Fragen entstehen:

- Warum fließt das Wasser im Bach?
- Warum steht es in einem Loch?
- Wieso ist die Pfütze zuerst durchsichtig, und wenn alle durchgelaufen sind, nicht mehr?
- Leben Tiere im Wasser?
- Kann man das Wasser trinken?

Später kann man den Fragen dann noch einmal in aller Ruhe nachgehen, das Fließen des Wassers im Becken ansehen und mit verschiedenen Gefäßen Wasser gießen. Hier kommen dann weitere Entdeckungsmöglichkeiten hinzu.

Neben der Möglichkeit, Naturphänomene und -beobachtungen zum Ausgangspunkt einer Forschungsreise zu machen, besteht auch die Option, Kinder in der Kindertageseinrichtung durch Bereitstellung bestimmter Materialien selbst zum Experimentieren anzuregen. Die Wasser-Werkstatt ist dafür ein ausgezeichnetes Beispiel. Natürlich lassen sich ähnliche Erfahrungen auch mit anderen Materialien machen, aber schon die Kleinsten wollen das Wasser verstehen und man kann ihnen mit simplen Mitteln die Möglichkeit dazu geben.

Einfache Wasserexperimente – große Wirkung

Am fließenden Wasserhahn probieren schon die Kleinsten, das Wasser zu „be-greifen" oder es einfach fließen zu lassen, von einem Gefäß in ein anderes. Sie schauen oft wie gebannt, was bei solch einfachen Vorgängen mit dem Wasser passiert. Anderthalbjährige werfen Murmeln aus verschiedenen Materialien ins Wasser, und es ist deutlich sichtbar, dass sie emotional angesprochen sind, wenn alle versinken und nur die Holzkugel wieder auftaucht und schwimmt. Solche Beobachtungen lösen Staunen aus und legen damit den Grundstein für Forschertätigkeiten.

Abb. 5.1: Kinder in der Wasserwerkstatt

Das passiert auch, wenn der Inhalt eines vollen kleinen Gefäßes in ein leeres viel größeres Gefäß gegossen wird. Dabei entstehen erste Vorstellungen von der Unterschiedlichkeit der Volumina und der Massenerhaltung. Wird ein volles Wassergefäß ins Wasserbecken gestellt, beobachten die Kinder, dass der Wasserspiegel ansteigt. Das

Wasser füllt jedes Gefäß vollständig aus, gleichgültig, welche Form es hat.

Durchsichtige Schläuche werden gefüllt und zum U gekrümmt, und das Wasser steht immer auf beiden Seiten gleich hoch, wie unterschiedlich hoch auch die Enden gehalten werden. Eine leere Flasche ist doch nicht leer, sondern es blubbert etwas heraus, wenn sie in einem Becken unter Wasser gedrückt wird. Dabei füllt sie sich mit Wasser. Wird sie ausgegossen, geschieht das im Wechsel von Wasserschwall und Blubbergeräusch. Was ist da wohl los?

Die Wasserwerkstatt führt sicherlich zu weiteren Fragen und Projekten. Wenn beispielsweise einem Kind ein kleines Gefäß in das Wasserbecken fällt und dieses darin schwimmt wie ein Boot, wollen die Kinder wissen, warum das so ist. Hieran kann sich das Projekt „Schwimmen und Sinken“ anschließen: Die Kinder lassen unterschiedliche Dinge ins Becken fallen und beobachten die Reaktionen. Wohin dieser Prozess führen kann, wird im nachfolgenden Erlebnisbericht beispielhaft beschrieben.

Wie schwimmen Büroklammern?

Die Kinder sind gerade damit beschäftigt, verschiedene Gegenstände ins Wasser zu legen und zu prüfen, was geschieht. Einige Gegenstände, z.B. eine Büroklammer, verhalten sich im Wasser eigenartig. Sie liegen auf der Wasseroberfläche – die meisten Kinder sagen, dass sie schwimmen. Die Erzieherin fordert die Kinder auf, genau hinzusehen, und holt eine Lupe. In der Vergrößerung entdecken die Kinder, dass die Büroklammer in einer Art Mulde liegt, als wäre das Wasser eine Folie. Die Erzieherin gibt die Frage eines Kindes an die Gruppe zurück: „Ist das bei einem Korken oder einem Streichholz genauso?“

Wer genau hinsieht, stellt fest, dass der Korken und sogar das Streichholz ganz anders im Wasser liegen als die Büroklammer. Jenny, fünf Jahre, sagt: „Das Meiste vom Korken ist über Wasser und das Meiste von der Klammer ist im Wasser!“ Eine gute Beobachtung, aber vielleicht tritt die Forschergruppe gerade durch diese Entdeckung auf der Stelle.

Die Erzieherin, die den Prozess aufmerksam verfolgt, muss die Ratlosigkeit der Kinder erst einmal aushalten. Das ist schwierig, wird aber durch das Aha-Erlebnis belohnt, wenn sie die Kinder auffordert, den Korken, das Streichholz und die Büroklammer versinken zu lassen. Jetzt ist das Staunen groß: Die Büroklammer geht unter und bleibt am Grund des Wasserbehälters liegen, Korken und Streichholz kommen immer wieder hoch, gleichgültig, wie kräftig sie untergetaucht werden. Die Kinder sind sich sicher: Die Büroklammer kann gar nicht schwimmen, sie tut nur so.

Aber was ist der Trick? Weil die Kinder es wirklich wissen wollen, stellen sie viele Fragen und suchen nach anderen Gegenständen, die nur so tun, als könnten sie schwimmen, z.B. eine Reißzwecke oder eine kleine Nähnadel. Diese Gegenstände werden ganz vorsichtig mit einer Gabel auf die Wasseroberfläche gelegt und liegen dann in einer ähnlichen Mulde wie die Büroklammer. Beim Versuch, sie zu versenken, passiert das Gleiche: Reißzweck und Nadel gehen unter und bleiben am Grund liegen.

Einige Kinder spielen das Verhalten der Gegenstände auf der Wasseroberfläche im Trockenen nach. Sie benutzen Decken, um sich selbst in solch einer Mulde zu fühlen. Andere zeichnen ihre Entdeckung oder legen so oft Nadeln und Reißzwecken aufs Wasser, bis ihre Geschicklichkeit trainiert ist und der Vorgang durch die Tätigkeit verstanden wurde.

Ein Kind vermutet, dass die Nadel wirklich auf einer Art Folie liegt. Die Erzieherin gibt ihm eine dünne Malerfolie. Die Gruppe stellt sich rings um das Wasser auf und spannt die Folie ganz glatt. Ein Kind wirft eine kleine Nähnadel auf die Folie. Beim ersten Versuch trifft die Nadel in der ganzen Länge auf und bleibt liegen. Die Kinder experimentieren so lange mit der Spannung der Folie, bis die Nadel wirklich in einer Art Mulde liegt. Bei einem weiteren Versuch trifft die Nadel mit der Spitze auf, sticht ein Loch in die Folie und ist verschwunden. Lotta, vier Jahre: „Das war jetzt so wie beim Versenken.“ Ihr ist eine gute Transferleistung gelungen.

Abb. 5.2: Experimentierende Kinder

Unterschiedliche Reaktionen der Kinder

Bei genauerer Betrachtung kann man feststellen, dass die Kinder einer Gruppe unterschiedlich reagieren. Einige arbeiten konsequent am Thema, andere wechseln gern mal zu verwandten Themen, wieder andere wiederholen tagelang dieselben Vorgänge mit großem Eifer. Sicher sind auch Kinder dabei, die zu den von der Gruppe entwickelten Fragen klare Antworten beitragen, ohne zu experimentieren.

Jedes Kind braucht seine Zeit, hat seine eigene Geschwindigkeit und muss in seiner Individualität gesehen und akzeptiert werden.

Vernetzung der Wasserwerkstatt mit anderen Erfahrungsbereichen

Von der Wasserwerkstatt führt ein direkter Weg zum Farblabor und zur Malerei mit Wasserfarben. Auch der Umgang mit Tönen und Musik ist der Wasserwerkstatt nicht verwandt und kann beispielsweise als Blubberkonzert beginnen. Wasser und Bewegung hängen durch die Natur des Wassers zusammen und das Wetter sowie der Wasserkreislauf sind thematisch logische Folgen der Auseinandersetzung mit Wasser. Auch der Umweltschutz, die Reinheit von Wasser und die Frage, wie das Wasser wieder sauber wird (Filterwerkstatt), die Bedeutung des Wassers für unseren Planeten Erde und vieles mehr sind verwandte Themen. Selbst das Anlegen eines kleinen Gartens mit Kräutern und Blumen, Tomaten und Salat kann sich aus der Wasserwerkstatt entwickeln.

In vielen Zusammenhängen kann die Küche der Einrichtung zum Labor werden, in dem die Kinder verschiedene Phänomene bestaunen: Wasser in allen Aggregatzuständen (fest, flüssig und gasförmig), Lösungen (Salz, Zuckerwasser), Emulsionen (Milch, Salatsoße), farbige Auszüge beim Kochen von Rotkohl, Grünkohl, Spinat, Rote Beete und vieles mehr.

Gemäß dem Ansatz der Experimentier-Werkstatt ist es sinnvoll, die Vielfalt möglicher Wege nicht gleich zu Beginn der Entdeckungsreise festzulegen, sondern den Kindern zu überlassen, was sie erforschen möchten.

Erfahrungen bei der Umsetzung: Experimentieren mit Wasser

Viktoria Herber, Gurdrun Kruspel

Wasser fasziniert Kinder im Kindergartenalter ganz besonders. Sobald sich ihnen dazu eine Gelegenheit bietet, beschäftigen sie sich ausgiebig mit Wasserspielen. Im Sommer ist das einfach - man kann die Kinder draußen plantschen lassen. Aber was macht man im Winter? Wo kann eine Wasserwerkstatt aufgebaut werden? Ein großer Waschraum bietet sich an, doch nicht jede Kindertageseinrichtung verfügt über einen solchen.

Vorkehrungen treffen

Allen Erzieherinnen ist bewusst, dass es beim selbstständigen Experimentieren der Kinder mit Wasser zu Überschwemmungen, aufgeweichten Möbeln und nassen Kleidungsstücken kommen kann. Will man den Kindern trotzdem die Möglichkeit bieten, die Eigenschaften von Wasser näher kennenzulernen, so sollte man Vorkehrungen treffen:

- Auf den Tischen werden Handtücher ausgelegt oder um den Tisch ein Rahmen aus Dachlatten gebaut.

- Mithilfe einer Plastikdecke entsteht eine „Wanne“, so dass das Wasser nicht auf den Boden fließen kann.
- Ein Bodentuch zum Aufwischen liegt immer bereit.
- Die Kinder ziehen wasserdichte Kittel an, die zum Beispiel aus Plastiksäcken hergestellt werden.

Experimentieren

Die Erzieherin bereitet eine Wasserwerkstatt für eine Gruppe bis maximal sechs Kinder vor. Dazu füllt sie durchsichtige Kunststoffbehälter mit Wasser und legt verschiedene Materialien wie Schläuche, Schlauchverbindungen, Plastikflaschen, Trichter und Messbecher bereit. Die Kinder experimentieren zunächst für einige Zeit selbstständig. Die Erzieherin beobachtet sie dabei sehr genau. Bestimmte Beobachtungen greift sie in einer gemeinsamen Reflexionsrunde auf und bittet einzelne Kinder, das, was sie ausprobiert haben, den anderen Kindern vorzuführen. Sie zeigen, was sie entdeckt haben, z.B. dass Wasser von einem Gefäß in ein anderes fließt, dass Blubberblasen aufsteigen, wenn eine leere Flasche unter die Wasseroberfläche gedrückt wird oder dass ein Springbrunnen entsteht, wenn man auf eine mit Wasser gefüllte Plastikflasche drückt. Alle Kinder probieren diese Ideen aus und überlegen sich, *warum* beispielsweise Blubberblasen aufsteigen, wenn man eine leere Wasserflasche unter die Wasseroberfläche drückt.

Die Frage nach dem Warum kommt oft (aber nicht immer) von den Kindern. Falls nicht, kann die Erzieherin die Frage auch selbst in den Raum stellen und sehen, was passiert. Wenn die Kinder wirklich interessiert sind, werden sie laut Überlegungen äußern. Wenn nicht, macht es (noch) keinen Sinn, diese Frage weiter zu verfolgen und gemeinsam nach Antworten zu suchen. Dann brauchen die Kinder einfach noch Zeit, um spielerisch Erfahrungen zu sammeln, bevor sie eigene Hypothesen bilden, weiterführende Fragen stellen und die Zusammenhänge ihrer Beobachtungen tiefergehend verstehen wollen. (→ vgl. Kap. 4 und Kap. 5.2).

Falls die Kinder bei ihrem selbstständigen Experimentieren keine neuen Themen erschließen, ist es die Aufgabe der Erzieherin, sie durch Bereitstellung weiterer Materialien dazu anzuregen. So können z.B. Korken, Holz, Steine, Knete oder Büroklammern die Kinder auf die Idee bringen auszuprobieren, was schwimmt und was sinkt.

Erzieherinnen können neue Impulse zum Nachdenken geben, indem sie die Warum-Frage stellen oder Material zum Experimentieren gezielt erweitern.

Es ist nicht die Aufgabe der Erzieherin, die Kinder anzuleiten, ein ganz bestimmtes Experiment durchzuführen oder einer ganz bestimmten Frage nachzugehen. Sie darf sich ihrerseits von den Kindern leiten lassen. Das Thema und das Tempo der Auseinandersetzung mit einem Naturphänomen bestimmen die Kinder.

Praxistipps

Erwachsene können Kindern in ihrer Entwicklung des naturwissenschaftlichen Denkens helfen, indem sie:

- Forschungsfragen der Kinder aus dem Alltag aufgreifen
- Den Kindern Raum und Zeit geben, sich selbst den Fragen zu nähern
- Gespräche zwischen Kindern fördern
- Informationsquellen (Experten, Bücher etc.) zugänglich machen
- Materialien für das Experimentieren besorgen und bereitstellen
- Hypothesen, Beobachtungen und Ergebnisse dokumentieren helfen
- Mit den Kindern emotionale Erfahrungen bei ihren Entdeckungen teilen
- Mit den Kindern flexibel Forschungsfragen vernetzen
- Offen bleiben für Richtungswechsel beim Forschen.

5.2 Science-Lab, das Wissenschaftslabor

Sonja Stuchtey

Grundlagen

Eigentlich ist Forschen eine Selbstverständlichkeit. Kinder forschen von Beginn ihres Lebens an. Sie wollen entdecken und verstehen. Das gilt auch für die Zeit in der Kindertageseinrichtung. Doch es sollte klar sein, was Forschen im Alltag der Einrichtung **nicht** sein kann und darf: die Verlagerung eines schulischen Ablaufs in die Einrichtung, ein Lehrplan mit dem Ziel, die Kinder mit möglichst viel abfragbarem Wissen zu füllen, oder gar eine Ausrichtung ganzer Kindergruppen an den vermeintlichen Bedürfnissen einer Erwachsenenwelt.

Kinderfragen

Es geht vielmehr um die Welt der Kinder. Ihre Erfahrungen, ihr Alltag, ihre Beobachtungen und ihr Vorwissen stehen im Vordergrund. Ihre Fragen und Eindrücke sollen bewusst aufgegriffen und ernst genommen werden. Dazu gibt es keine allgemeingültigen Standards. Kinder in der Stadt haben eine andere Lebens- und Erfahrungswelt als Kinder auf dem Land. Kinder an der Nord- oder Ostseeküste bringen andere Eindrücke und Beobachtungen mit in Forscherrunden als Kinder, die in den Bergen groß werden. Und doch gibt es Fragestellungen und Beobachtungen, die Kinder im Alter zwischen drei und sechs Jahren verbindet – über regionale, soziale und kulturelle Grenzen hinweg.

Science-Lab als unabhängige Bildungseinrichtung greift typische Fragen von Kindern zwischen drei und zehn Jahren auf und überträgt sie in spielerische Forschereinheiten.

Alle Kinder beobachten Sonne und Regen, wollen wissen, woraus die Wolken bestehen und woher der Regen kommt. Im unten folgenden „Wetterprojekt" wird ausführlich beschrieben, wie diese Beobachtung zum Ausgangspunkt eines Forschungsprozesses werden kann.

Kinder in Industrienationen werden im Alltag mit vielen elektrischen Geräten konfrontiert. Sie wollen wissen, was ein Lichtschalter auslöst und warum eine Batterie leer wird.

Alle Kinder sehen, dass es am Morgen hell, am Abend dunkel wird. Sie wollen wissen, wohin die Sonne verschwindet und warum der Himmel am Morgen und Abend so rot ist.

Diese und andere Fragen der Kinder ernst zu nehmen und zu einem Erlebnis des Entdeckens, Forschens und Lernens werden zu lassen, ist die wichtigste Basis spielerischen Forschens. Doch wie kann es gelingen, Kinderfragen zu Forscherfragen zu machen?

Erwachsenenfragen

Oft sind die Erinnerungen an das eigene Wissen aus der Schulzeit längst verblasst. Folglich sind Erwachsene unsicher, was sie auf die Fragen der Kinder antworten sollen, wie sie ihnen themenrelevante Lerngelegenheiten schaffen können.

Als pädagogische Begleitung muss man nicht alles wissen. Wichtiger ist die eigene Neugier, der Wille, selbst auch Forschen und Entdecken zu wollen.

Wer Neugier mitbringt, kann auf unterschiedlichen Wegen eine Antwort auf die eigenen Fragen oder die der Kinder finden. So gibt es Bücher, das Internet, Experten in der Umgebung, das Forschen durch Experimentieren und Spielen.

Die nachfolgenden Ausführungen sollen Fachkräften Mut machen, gemeinsam mit den Kindern nach Antworten zu suchen. Es sind das gemeinsame Forschen und das Gespräch in der Forscherrunde, die das Erlebnis für klein und groß prägen und neue Blickwinkel öffnen.

Bücher

In den letzten Jahren ist eine Flut von Büchern zum Forschen und Experimentieren im Kindergartenalter erschienen. Die Qualität und Praxistauglichkeit ist sehr unterschiedlich, und in der Vielfalt den Überblick zu behalten, ist nicht einfach. Immer wieder bemühen sich Fachmagazine, eine Auswahl zu treffen und Empfehlungen auszusprechen. Es gibt einige Kriterien, die bei der Orientierung helfen:

- Ein gutes Buch für das frühe Forschen legt sich nicht auf ein Fach fest. Eine solche Trennung entspricht nicht der kindlichen Denkweise und ist eine künstliche Gliederung, die man durch die immer größere Spezialisierung aller Fachbereiche einführen musste. So wurden aus dem großen Allgemeinwissen immer feiner unterteilte Spezialwissenschaften. Diese Tiefe entspricht zum einen aber nicht dem vernetzten Denken und ist bei den Fragestellungen der Kinder nicht erforderlich.
- Hilfreich ist eine Ausrichtung der Buchinhalte an Fragestellungen. Doch das allein genügt nicht, denn es muss sich um Fragen handeln, die der Lebenswelt der Kinder entstammen. Viele Bücher legen immer noch Schwerpunkte auf Themen, die aus Erwachsenensicht spannend erscheinen, aber nicht in das Verständnis der Altersgruppe passen. Eltern oder pädagogische Fachkräfte sind Experten für Kinder und können am besten einschätzen, was diese schon wissen und kennen, was sie sich und andere fragen – und was außerhalb ihrer Weltsicht liegt.
- Um das Forschen zu üben und später als Methode des Lernens anwenden zu können, um sich mit eigenen Erklärungen und in einem Gespräch mit Gleichaltrigen an Forscherfragen heranzutasten und um das eigene Selbstbewusstsein durch Erfolge beim Forschen zu stärken, ist es von zentraler Bedeutung, dass Experimente einfach sind und gut gelingen können. Wenige, dafür vielfach erprobte Experimente sind hilfreicher als ein Buch voller Versuche, die nur selten oder gar nicht gelingen. Auch die Versprechen von „Zauberei" und „Magie" sind von zweifelhaftem Wert, denn die Kinder sollen nicht nur staunen, sondern auch verstehen können. Spektakuläre Experimente erzielen Aufmerk-

samkeit und wirken vielleicht bei einer größeren Veranstaltung – für das Lernen durch Forschen sind sie nicht immer hilfreich.
- In einem Buch, das das Forschen im Alltag der Kindertageseinrichtung begleitet, sollten sich unter anderem Erklärungen für Erwachsene finden. Allerdings geht es dabei nicht darum, den naturwissenschaftlichen Hintergrund kindgerecht zu formulieren. Vielmehr dienen Hintergrundinformationen den begleitenden Erwachsenen, sich in dem Fachgebiet einigermaßen sicher zu fühlen. Die Erklärung für die Kinder sollte von den Kindern selbst kommen dürfen. Erwachsene haben dabei die Rolle von Ko-Konstrukteuren, die die Kinder mit Interesse und Sachverstand begleiten.
- Die Bücher zum Forschen richten sich manchmal an die begleitenden Pädagogen, an Eltern, an die Kinder direkt oder aber an beide. Jeder Weg hat seine Berechtigung und führt lediglich zu einer anderen Arbeitsweise mit dem Buch. Für die Forscherreise der Kinder sind jedoch neben Experimentierbüchern auch gute Sachbücher und sogar erzählende Texte sinnvoll. Kindererzählungen können eine Forscherreise einleiten und anstoßen oder aber auch abrunden und ein ganzheitliches Befassen mit einer Frage aus Natur und Technik ermöglichen.
- In jedem Fall sollte eine Kindertageseinrichtung, die sich der naturwissenschaftlichen Bildung verpflichtet fühlt, eine Auswahl an geeigneten Sachbüchern über Naturphänomene auf Augenhöhe der Kinder griffbereit haben.

Internet

Die Suche nach Antworten im Internet ist aus der Sicht der Science-Lab-Arbeitsweise den pädagogischen Fachkräften vorbehalten. Im Kindergartenalter ist die unmittelbare Entdeckung durch eigenständiges Tun und durch Beobachtung im wirklichen Leben derart zentral für die Entwicklung einer nachhaltigen und belastbaren Lernweise, dass die Entfremdung über die nicht taktile Entdeckung im Internet – ganz zu schweigen von den Risiken des Missbrauchs – zu diesem Zeitpunkt verfrüht ist.

Für die Hintergrundinformation zu den naturwissenschaftlichen Zusammenhängen einer Forscherfrage, die man gemeinsam mit den Kindern ergründen will, ist jedoch das Internet ausgesprochen hilfreich und leicht in der Handhabung. Hier gibt es bereits spezielle Seiten für Fachkräfte in Kindertageseinrichtungen.

Experten

Experten gibt es viele – auch in der unmittelbaren Umgebung. Ein Bäcker ist ein Experte, ein Metzger, der Betreiber einer Reinigung, ein Elektriker, ein Professor der Mathematik. Besuche am Arbeitsplatz von Eltern oder in der Nachbarschaft sind spannend und bieten Abwechslung.

Kindern Begegnungen mit Experten zu ermöglichen, schafft Lernerlebnisse, die oft sehr nachhaltige Eindrücke mit sich bringen. Es ist nur wichtig, dass die Experten vorab z.B. in einem persönlichen Gespräch darauf vorbereitet werden, was Kinder im Kindergartenalter häufig wissen wollen. Denn Kinder stimmen mit den Füßen ab, wenn sie gelangweilt sind. Sie gehen einfach oder lenken sich und andere ab. Das lässt sich durch eine gute Vorbereitung vermeiden. Dann wird das Expertengespräch zu einem Erfolg und einem Erlebnis für beide Seiten.

Fördermöglichkeiten

Die nachhaltigste Lernmethode ist immer das eigenständige Tun, das Be-greifen. Was das bedeutet und welche Rolle Erzieherinnen dabei spielen, wurde bereits ausführlich in vorhergehenden Beiträgen erläutert. Bei Science-Lab wird großer Wert darauf gelegt, dass Menschen unterschiedliche Zugänge zu Fragen bekommen. Das Experimentieren ist nur ein Weg. Basteln, Singen und Spielen – auch Rollenspiele – eröffnen weitere Zugänge und ermöglichen eine ganzheitliche Förderung. Wichtige Elemente der konkreten Vorgehensweise werden am Beispiel des Themas Wetter näher erläutert.

Das Wetterprojekt

Fast jedes Kind in der Kindertageseinrichtung wird zu irgendeinem Zeitpunkt einmal die Frage stellen: *„Woher kommt der Regen?“*

Gespräche anregen

Um dem Prinzip zu folgen, dass die Kinder mit ihrem Vorwissen und ihren Erfahrungen den Rahmen des Forschens vorgeben, wird diese Frage an eine Kindergruppe gestellt, wenn sich dazu eine günstige Gelegenheit ergibt. Es hat sich bewährt, eine Gruppe aus der Gesamtgruppe herauszulösen, um die Gesprächssituation so zu gestalten, dass sich alle Forscher daran beteiligen können.

Die Antworten, die Kinder zwischen drei und sechs Jahren auf diese Frage geben, sind meist sehr vielfältig. Man wird im Gespräch sicherlich gemeinsam auf die Erfahrung kommen, dass es immer dann regnet, wenn Wolken am Himmel sind. Um die Beobachtung der Kinder zu schärfen und ihren Alltag ganz bewusst zu einem Entdeckungsraum zu erklären, kann man sich z.B. darüber unterhalten, welche Wolken Regen bringen und welche nicht.

Beobachtung und Dokumentation schulen

Schon beginnt eine gemeinsame Sammlung von Wolken. Dazu muss man den Himmel erst einmal über einen längeren Zeitraum beobachten. Eine Dokumentation, also eine Darstellung des Gesehenen, kann an einem großen, blauen Blatt Papier gemeinsam geschehen. Jede Wolke wird aus Watte nachgezupft und aufgeklebt. Vielleicht sortiert man direkt gemeinsam, ob es eine Wolke war, die Regen brachte oder nicht. Auch die Färbung der Wolke ist wichtig und sollte gut sichtbar dargestellt werden, z.B. mit Wasserfarben. Eine solche Sammlung und Sortierung von Wolken bringt gleich mehrere Lernergebnisse mit sich:

- Die Kinder beobachten genau und wissen, dass es auf die Details ankommt.
- Sie sprechen in der Gruppe über ihre Beobachtungen und trainieren ihre verbale Ausdrucksfähigkeit.
- Wenn die Wolke nachgebastelt wird, üben sie ihre Motorik.
- Das Sortieren ist ein mathematisches Vorgehen in der naturwissenschaftlichen Forschung.

Hier werden Methoden der Beobachtung und des Umgangs mit Beobachtungen geübt, die die Kinder in der Zukunft in zahlreichen Zusammenhängen nutzen können. So etwa die Beurteilung von Ähnlichkeiten und Unterschieden (→ vgl. Kap. 4).

Erfahrungen verknüpfen

An die Erkenntnis, aus welchen Wolken Regen fällt, schließt sich die Frage an: *„Wie kommt der Regen in die Wolken?“*

Auch hier sollten zunächst die Erfahrungen und Ideen der Kinder erfragt werden. Viele haben schon beobachtet, dass beim Duschen oder Baden der Spiegel im Bad beschlägt, dass beim Kochen von Wasser Dampf aufsteigt. Nur ist nicht unbedingt ein Zusammenhang mit den Wolken hergestellt worden. Von der Beobachtung der Wolken, vielleicht auch von Erfahrungen mit Nebel ausgehend, werden die Kinder aber auf Nachfrage diese Alltagseindrücke in einen inhaltlichen Zusammenhang rücken können.

Experimente durchführen

Es bietet sich an dieser Stelle an, das klassische Experiment mit kochendem Wasser, das verdampft, durchzuführen. Die Kinder beschreiben ihre Beobachtung. Dann sollten sie nacheinander einen Löffel mit langem Stiel in den Wasserdampf halten und wiederum genau hinsehen. Rasch bilden sich Tropfen an den Löffeln – es „regnet“. Die Erkenntnis ist klar und nachvollziehbar für die Kinder. Möglicherweise wird jedoch die Frage gestellt, woher dann die Wolken kommen, wenn keiner Wasser kocht. Oder entstehen die Wolken am Himmel nur von dem vielen Nudelwasser?

Die Überleitung zur Verdunstung erfordert eine Abfolge von Versuchen, um sie für die Kinder sichtbar und verständlich zu machen. Als Langzeitexperiment in der Gruppe bietet sich das Aufstellen einer Schüssel mit Wasser an – am besten auf der Heizung. Zu Beginn markiert man an der Schüssel den Wasserstand und wiederholt dies jeden Tag. Der Wasserspiegel sinkt, das ist für die Kinder sichtbar. Nur wohin das Wasser gegangen ist, leider nicht. Hier ist das Gespräch wichtig.

In die Natur gehen

Um den Gedanken des Wasserkreislaufs zu vervollständigen, lässt sich die Frage ergänzen, wohin denn der Regen geht, wenn er nicht direkt an der Stelle verdunstet, auf die er gefallen ist. Wanderungen an nahe gelegene Bäche, Flüsse, Seeufer, Meeresküsten veranschaulichen den Gedanken und stellen wiederum den Bezug zur Natur und Lebenswelt der Kinder dar.

Ganzheitlich fördern

Will man Erfahrungen mit diesem Naturphänomen in den Räumlichkeiten der Einrichtung vertiefen, kann man dazu Bewegungs- und Wettspiele veranstalten, Lieder singen, Geschichten lesen oder Regenbilder malen. Anregungen entsprechender Art findet man in den zuvor genannten Quellen (Bücher, Internet).

Dass damit vorerst nur ein Gedanke zum Thema Wasser aufgegriffen wurde und die Kinder sicherlich noch viele weitere Fragen dazu haben, ist selbstverständlich. Man kann das Thema jederzeit inhaltlich weiter ausbauen. Doch an dieser Stelle soll vor allem deutlich werden, dass frühes Forschen nicht bedeutet, in Kindertageseinrichtungen ein Labor aufzubauen oder einen Lehrplan abzuarbeiten, sondern kreativ, neugierig und ganzheitlich mit den Fragen der Kinder umzugehen. Und zum Ganzen gehören neben vielen Aspekten wie Kunst, Musik, Bewegung eben auch die Naturwissenschaften.

Forscherregeln festlegen

Wie bei jedem Spiel und im alltäglichen Miteinander, so gibt es auch beim Forschen Regeln, die man einhalten muss. Wenn Kinder gefragt werden, welche Regeln das wohl sein könnten, die insbesondere zur Sicherheit beim Experimentieren und Forschen dienen, so haben sie oft von allein sehr gute Ideen. Hier einige Beispiele:

- Wir müssen vorsichtig mit dem Material umgehen, damit es nicht kaputt geht.
- Wir dürfen nichts in den Mund nehmen. Es könnte ungesund oder sogar giftig sein.

Zusätzlich empfehlen sich folgende Regeln:

- Ich forsche nie ganz allein und auf eigene Faust. Immer ist eine Erzieherin dabei oder weiß, was ich mache.
- Feuer machen nur die Erzieherinnen.
- Mit heißem Wasser hantieren nur die Erzieherinnen. Kinder bleiben in Sicherheitsabstand.

Man kann diese Regeln gemeinsam mit den Kindern besprechen und auf einem Plakat in der Kindertageseinrichtung aufhängen. Dann sind sie immer für alle sichtbar.

Erfahrungen bei der Umsetzung: Experimentieren mit Luft

Viktoria Herber, Cornelia Kruspel

Immer wieder wird betont, dass die naturwissenschaftliche Förderung in der Kindertageseinrichtung von den Alltagserfahrungen und spontanen Fragen der Kinder ausgehen soll. Erfahrungen mit Luft kann man zu bestimmten Jahreszeiten wie selbstverständlich bei einem Spaziergang mit den Kindern machen. Dann übt der Wind eine große Kraft aus, die für alle Kinder unmittelbar spürbar ist und sie oft zu weiterführenden Fragen anregt.

Auch wenn es draußen windstill ist, können die Luft und ihre Eigenschaften für Kinder auf unterschiedliche Weise sinnlich begreifbar werden. Man braucht dazu nur bestimmte Materialen zur Verfügung stellen, die Kindern helfen, das Phänomen selbstständig zu erkunden. Diese Materialien findet man in der Kindertageseinrichtung oder in jedem Haushalt.

Luft existiert

Die Kinder spüren Luft in Form von Wind mithilfe:

- Einer Luftpumpe
- Einer Luftballonpumpe
- Einem Blasebalg
- Einem Fächer
- Einem Schlauch
- Von Strohhalmen
- Von Spielen mit dem Schwungtuch oder mit bunten Tüchern
- Von Luftballonspielen und Pustespielen.

Diese körperlichen Erfahrungen sind ein wichtiger Schlüssel, um die Neugier der Kinder zu wecken. Wenn darüber in der Gruppe gesprochen wird, kann die Erzieherin die Kinder anregen, auch über andere Erfahrungen mit Luft und Wind zu berichten.

Luft ist da, auch wenn man sie nicht sieht

Ein Gespräch über Erfahrungen mit Luft hat ergeben, dass die Luft von Kindern häufig als Wind wahrgenommen wird und als etwas, das es draußen gibt. Ansonsten wird Luft als nicht existent aufgefasst. Auf die Frage, was in einem leeren Glas oder einer leeren Flasche ist, kommt meistens die Antwort: „Nichts."

Mit verschiedenen einfachen Experimenten in der Kindertageseinrichtung können sich die Kinder jedoch davon überzeugen, dass diese Annahme nicht zutrifft. So tauchen sie Gläser schräg ins Wasser und beobachten genau, wie die Luft in Form von vielen Blasen aus dem Glas blubbert und Wasser eindringt. Mit der Zeit können die Kinder unter Wasser die Luft von einem Glas in ein zweites transportieren. Damit sie eine Verbindung herstellen zwischen der interessanten Beobachtung von Blubberblasen und der Existenz von Luft unter Wasser,

Abb. 5.3: Kerzen brauchen auch Luft

sollte die Erzieherin sie bitten zu beschreiben, was sie sehen. Anschließend überlegt man gemeinsam, was die Beobachtung bedeutet. Die Fachkraft hilft den Kindern dabei, über das, was sie tun, bewusst nachzudenken.

Versteckte Luft finden

Luft ist überall, auch in jedem Hohlraum. Das können die Kinder bei der Durchführung des folgenden Experimentes erleben.

Jedes Kind lässt ein Stück Würfelzucker ins Wasser fallen und beobachtet genau, was passiert. Es steigen kleine Bläschen auf. Die Erzieherin regt die Kinder dazu an, zu überlegen, was sie sehen: Es ist die Luft, die sich im Zuckerwürfel „versteckt" hat.

Nicht nur Menschen und Tiere brauchen Luft

Dass auch unbelebte Dinge Luft benötigen, wie etwa eine brennende Kerze, erfahren die Kinder durch ein weiteres Experiment. Dazu zünden sie zwei Kerzen an und stülpen über eine brennende Kerze ein Glas. Sie beobachten, dass die Kerze unter dem Glas langsam erlischt, während die andere weiter brennt. Anschließend probieren die Kinder Variationen mit verschieden großen Gläsern aus.

Die Erfahrungen zeigen, dass Kinder mit vielen Materialien selbstständig arbeiten können. Bei den Experimenten mit Kerzen muss allerdings auf jeden Fall eine Erzieherin anwesend sein, ebenso müssen gemeinsam Forscherregelen vereinbart werden.

Praxistipps

- Gibt man eine Forscherfrage zunächst zurück an die Kinder, kann man auf diese Weise ihr Vorwissen erkunden.
- Bestimmte Naturbeobachtungen lassen sich von Kindern dokumentieren, indem Bilder gemalt oder Modelle gebastelt werden.
- Solche Dokumente kann man gemeinsam sortieren und Kindern auf diese Weise helfen, ihre Beobachtungen zu systematisieren.
- Die Erzieherinnen können Kindern helfen, Wissen zu vernetzen: Sie stellen Bezüge zu verschiedenen Alltagssituationen her, mit denen Kinder vertraut sind.
- Themenbezogene Spiele und Lieder unterstützen den Prozess der Wissensbildung und fördern das ganzheitliche Lernen.
- Forscherregeln bieten Kindern und Erwachsenen Sicherheit beim gemeinsamen Forschen.

5.3 Förderkonzept Astronomie

Cecilia Scorza de Appl,
Natalie Fischer

Grundlagen

In den bisherigen Beiträgen ging es um das Experimentieren und Forschen zu Themen, mit denen die Kinder im Alltag viel zu tun haben. Man kann ihnen aber genauso gut auch Themen erschließen, die nicht unmittelbar greifbar scheinen und trotzdem sehr wichtig sind.

In allen Kulturen der Welt werden Kinder im frühen Alter durch Erzählungen und Mythen mit der Sonne, dem Mond und den Sternen vertraut gemacht, und sie sind von Anfang an sehr fasziniert. Durch diese Erzählungen entwickeln Kinder eine prägende Vorstellung von der Welt: Je breiter und umfangreicher diese Vorstellung ist, desto offener und vertrauensvoller wird die Einstellung eines Kindes zu seiner Welt, seiner Kultur und seinen Mitmenschen werden.

Der folgende Beitrag, der im Rahmen einer Kollaboration mit dem internationalen Projekt *Unser Platz im Universum* (Universe Awareness, UNA WE) entstanden ist, hat das Ziel, Kinder zwischen vier und zehn Jahren aus Familien mit Migrationshintergrund in den Großstädten Europas sowie benachteiligte Kinder aus Entwicklungsländern für die Astronomie und die Schönheit des Universums zu begeistern.

Eine Prämisse des Projektes besteht darin, dass das Grundwissen über die Erde und den Kosmos ein Grundrecht eines jeden Kindes ist. Die Tatsache, dass alle Menschen Bewohner desselben winzigen Planeten Erde sind, wird hier zur zentralen Erfahrung. Dadurch wird eine Weltanschauung vermittelt, die Solidarität, Toleranz, kulturelle Integration und das friedliche Zusammenleben auf der Erde fördert. Zugleich sensibilisiert das Astronomieprogramm im frühen Alter das Umweltbewusstsein der Kinder, bringt ihnen die Wurzeln ihrer eigenen Traditionen über Mythen und Sagen vom Nachthimmel näher und fördert die Entwicklung des naturwissenschaftlichen Denkens.

Fördermöglichkeiten

Eine wichtige Herausforderung für die Erzieherinnen besteht darin, die Kinder zunächst auf interessante Beobachtungen zu lenken und ihnen dann durch das Basteln von Modellen be-greiflich zu machen, was sie sehen und erleben.

Der Blick zum Himmel

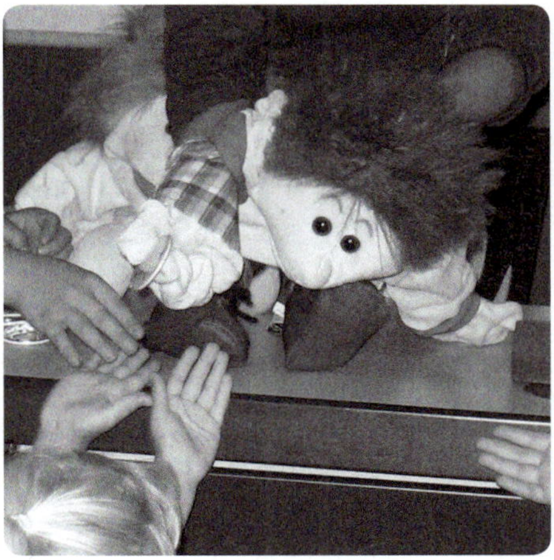

Abb. 5.4: Godo, der Außerirdische, landet mitten in der Kindertageseinrichtung auf der Erde. Er erzählt den Kindern viel über das Weltall.

Eine faszinierende Welt von Planeten, Sternen und Galaxien wartet auf die Kinder. Wie aber kann ihre Aufmerksamkeit zum Himmel gelenkt werden, wenn sie gleichzeitig täglich so viel Spannendes Irdisches erleben?

Es gibt viele Möglichkeiten, Kinder mit astronomischen Themen in einer natürlichen Form in Kontakt zu bringen. Dies kann z.B. im Rahmen eines Piratenprojektes geschehen, bei dem sich die Kinder als Piraten verkleiden und sich mit Hilfe der Sterne nachts beim Navigieren orientieren sollen. Alternativ bringt eine Puppe den Kindern das Thema nahe: Ein Außerirdischer namens Godo landet plötzlich im Hof der Kindertageseinrichtung und verrät den Kindern vieles über das Weltall.

Wichtig ist, dass die Kinder zunächst angeregt werden zu erzählen, was sie am Himmel bereits kennen.

Der faszinierende Mond

Fantasiegeschichten lenken die Aufmerksamkeit der Kinder auf astronomische Themen und helfen, ihr Vorwissen zu erkunden.

Der Mond bietet einen idealen Einstieg in die Astronomie, denn man kann ihn von überall sehen, sei es von der Stadt aus, auf dem Land und manchmal auch, wenn es bewölkt ist. Wer sich mit dem Mond vertraut macht, wird auch schneller die Rundform der Erde nachvollziehen. Der Mond ändert ständig seine Form und lädt zum Beobachten ein. Alle Völker der Erde haben über Märchen und Sagen auf den Mond Aspekte ihrer Kultur projiziert.

Abb. 5.5: So sehen die Mondphasen aus

Eine häufig gestellte Kinderfrage lautet: „Warum leuchtet der Mond?" Jungen Kindern ist nicht bewusst, dass er leuchtet, weil er von der Sonne angestrahlt wird. Deswegen startet das Astronomieprogramm mit kleinen Experimenten, für die zunächst Modelle gebastelt werden, damit sich die Kinder aktiv mit dem Thema auseinandersetzen können.

Reflektiertes Licht – Warum der Mond leuchtet

Materialien
- *Weiße Styroporkugel (12 cm Durchmesser)*
- *Holzspieß*
- *Taschenlampe*
- *Dunkles Zimmer*

Die Styroporkugel wird an dem Holzspieß befestigt. Sobald das Licht ausgeschaltet wird, werden die Kinder merken, dass sie die Kugel nicht sehen können, weil diese nicht selbst leuchtet.

Mit der Taschenlampe (als Sonne) wird nun die Kugel beleuchtet. Die Kinder sehen sie an der beleuchteten Seite sehr hell. Je nach Lichtrichtung kann man ihnen sogar zeigen, dass die Kugel voll (Vollmond) oder halb (Halbmond) zu sehen ist (entsprechend der Mondphasen).

Die Mondphasenschachtel

Materialien
- *Schuhkarton*
- *Kleine Taschenlampe*
- *Wattekugel (30 mm Durchmesser)*
- *Schwarze Farbe*
- *Holzstäbchen*

Der Schuhkarton wird innen mit schwarzer Farbe bemalt. Anschließend schneidet man in jede der vier Seiten ein Guckloch. In eine schmale Seite der Schachtel wird darunter ein zusätzliches Loch gebohrt. Anschließend werden in die Wattekugel mit Hilfe des Holzspießes kleine Dellen gedrückt, deren Rand z.B. mit Bleistift hervorgehoben und ggf. ausgemalt. Die Wattekugel wird dann mit dem Holzspieß in der Mitte des Deckels befestigt. Nun schiebt man die kleine Taschenlampe von innen durch das zusätzliche Loch und schließt den Deckel. Die Kinder können durch die vier Gucklöcher die unterschiedlichen Mondphasen sehen.

Selbst gebastelte Modelle helfen Kindern, Planeten und Monde be-greifbar zu machen und damit zu experimentieren.

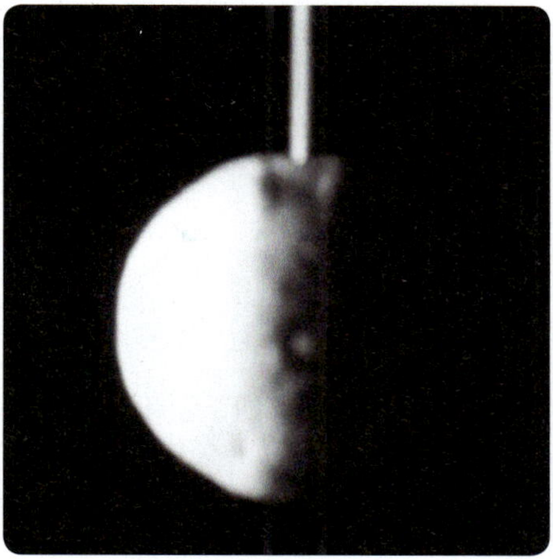

Abb. 5.6: Die mit einer Taschenlampe beleuchtete Styroporkugel

Mondlabor

Materialien
- *Tiefes Backblech oder Plastikwanne*
- *Mehl*
- *Kakaopulver*
- *Verschiedene Steine*

Der Mond ist voller Krater, die vor langer Zeit durch Meteoriteneinschläge entstanden sind. Die Krater sind unterschiedlich groß, und einige von ihnen sind von hellen Strahlen umgeben - ein Zeichen dafür, dass sie vor nicht allzu langer Zeit entstanden sind (dunkle Zonen sind entsprechend älter). Im 17 Jahrhundert dachte man, dass die dunklen Zonen Meere sind, deshalb werden sie auch heute immer noch Meere genannt. Die Mondlandschaft kann man für Kinder durch ein selbstgebasteltes Modell erfahrbar machen.

Die staubige Mondoberfläche lässt sich gut nachbilden: Auf das tiefe Blech wird eine dicke Schicht Mehl und darauf eine dünne Schicht Kakao aufgetragen. Die Kinder sollen nun Steine in unterschiedlichen Größen aus verschiedenen Winkeln und mit unterschiedlichen Geschwindigkeiten auf das Blech werfen. Dabei entstehen Krater, deren Durchmesser ebenfalls verschieden sind. Die Kinder können anschließend mit den Erzieherinnen die selbst hergestellten Krater mit Bildern echter Mondkrater vergleichen, wie sie zum Beispiel in Fotobüchern

Abb. 5.7: Kind beim Bau einer Mondphasenschachtel

über den Mond zu finden sind oder bei einer Nachtwanderung mit dem Fernrohr beobachtet werden können.

Der Planet Erde

Ziel dieses Themas ist, bei Kindern das Bewusstsein für die Erde als runden Planeten zu wecken.

Normalerweise haben Kinder im Kindergartenalter die Vorstellung, dass die Erde flach ist – entsprechend ihrer täglichen Erfahrung vom weiten, flachen Horizont. Sie können mit der Aussage, dass die Erde rund ist, wenig anfangen. Ihnen ist ebenfalls (noch) nicht bewusst, dass ihr eigener Wohnort – ob Dorf oder Stadt – Teil eines Landes ist, das sich wiederum auf einem Kontinent befindet. Zeigt man den Kindern einen gewöhnlichen Erdglobus, so finden sie sich dort nicht wieder, sie bleiben „außerhalb“ stehen. Trotzdem hören sie immer wieder: „Die Erde ist rund.“

Es hat sich bewährt, ein großes Modell der Erde selbst zu bauen. Es muss groß genug sein, damit sich die Kinder mit kleinen, darauf zu befestigenden Figuren identifizieren können und verstehen, dass auch sie auf einer solchen Kugel leben.

Modell Erde

Materialien
- *Großer blauer Gymnastikball (120 cm Durchmesser)*
- *Pappmaché*
- *Farben und Pinsel*

Aus Pappmaché werden die Kontinente der Erde geformt, auf den blauen Ball geklebt und bemalt.

Mithilfe dieses Modells und der Kontinente lässt sich ganz natürlich von Erdbewohnern mit unterschiedlichem kulturellen Hintergrund bzw. Wohnort sprechen. Das Modell vermittelt zudem einen leicht verständlichen Einblick in die verschiedenen Lebensräume der Tierwelt und eine erste Einführung in die Erdkunde. Die Erzieherinnen lassen die Kinder sich selbst (oder auch verschiedene Tiere) mit Figuren darstellen und dort platzieren, wo sie wohnen.

Abb. 5.8: Kinder gestalten einen Erdglobus

Oben und unten auf der Erde – im Weltall

Kleine Kinder unterteilen den Raum in die Bereiche *oben* und *unten*. Wenn sie Menschenfiguren auf einem Erdglobus platzieren, legen sie sie mit dem Rücken darauf, den Kopf aus ihrer Perspektive nach oben und die Füßen nach unten. Da die Anziehungskraft der Erde uns radial zum Erdzentrum hin anzieht, sollten die Figuren jedoch wie in Abb. 5.9 senkrecht stehen.

Mit Hilfe eines lustigen Dialogs können die Kinder aber begreifen, dass es im Weltall und auf der Erde kein oben oder unten gibt. Das Gespräch findet statt zwischen einem Eisbären, der am Nordpol (Arktis) lebt, und einem Pinguin, der am Südpol (Antarktis) zu Hause ist. Zur Veranschaulichung werden zwei entsprechende Figuren auf den Polen eines Erdmodells befestigt.

Abb. 5.9: Mit Figuren auf einem Erdmodell lässt sich die Wirkung der Erdanziehungskraft darstellen

Der Eisbär fragt den Pinguin: „Hey, du da unten, wie ist es denn so, mit dem Kopf nach unten zu leben? Das ist doch bestimmt sehr unangenehm!“ Der Pinguin antwortet: „**Du** bist derjenige, der mit dem Kopf nach unten lebt, nicht ich!“

Abb. 5.10: Fotomontage der Sonne mit ihren Planeten. Die Größenverhältnisse sind korrekt dargestellt, die Abstände nicht

Dabei dreht die Erzieherin den Erdglobus und lässt abwechselnd mal den Eisbären und mal den Pinguin „oben" stehen. Nach einer Weile verstehen beide Tiere (und auch die Kinder), dass es wegen der Anziehungskraft der Erde kein oben oder unten gibt und dass daher auch kein Tier herunterfallen kann.

Kapitän auf Weltumseglung

Haben sich die Kinder erst einmal mit der Rundform der Erde vertraut gemacht, kann man dieses Wissen anhand folgender Szene vertiefen: Ein Kapitän, der am Ufer eines Meeres steht, beobachtet ein Schiff, das sich von ihm entfernt. Er wird feststellen, dass das Schiff am Horizont nicht nur kleiner wird, sondern, dass das Schiff auch scheinbar versinkt. Zuerst ist der Rumpf nicht mehr zu sehen, die Mastspitze verschwindet als Letztes.

Die Erzieherin nimmt ein kleines Spielzeugschiff und spielt die oben beschriebene Szene auf dem großen Erdmodell nach. Die Kinder sollen beobachten und mit ihren Worten beschreiben, was mit dem Schiff passiert, wenn es entlang der runden Erdoberfläche fährt.

Das Sonnensystem

Unser Sonnensystem besteht aus der Sonne als zentralem Stern, acht Planeten mit ihren Monden und vielen Zwergplaneten, die alle um die Sonne kreisen. Außerdem gibt es unzählige Asteroiden (Felsbrocken) und Kometen, die sich ebenfalls um die Sonne drehen.

Wenn es darum geht, Kinder mit dem Sonnensystem vertraut zu machen, so sollten in erster Linie die Größenverhältnisse und die relativen Entfernungen der Planeten im Bezug zur Sonne im Vordergrund stehen. Dabei hilft die Unterteilung zwischen festen Planeten (Gesteinsplaneten) und den riesigen Gasplaneten, sowie die Betonung wichtiger Merkmale und Eigenschaften der Planeten:

- Merkur sieht dem Mond ähnlich, weil er auch viele Krater hat.
- Venus ist so groß wie die Erde und wird deswegen Zwillingsschwester der Erde genannt.
- Mars ist kleiner als die Erde und er ist rot, weil er voller Rost ist.
- Jupiter hat einen riesigen roten Fleck, in den die Erde zwei Mal hereinpassen würde.
- Saturn wird der „Herr der Ringe" genannt, weil er so schöne Ringe besitzt.
- Uranus hat einen dünnen Ring, rotiert jedoch auf dem Bauch.
- Auf Neptun wehen die Winde mit über 2000 km/h.

Die maßstabsgetreue Darstellung der Planeten und die Betonung zentraler Merkmale sind sehr wichtig, denn sonst würden die Kinder undifferenzierte Kugeln vor ihren Augen sehen, die sie nicht unterscheiden können. Für eine detaillierte Beschreibung der Eigenschaften der Sonne und der einzelnen Planeten siehe das Literaturverzeichnis im Anhang.

Selbstgebastelte Modelle in der Astronomie sollten möglichst naturgetreu sein, damit die Kinder an ihnen etwas lernen können.

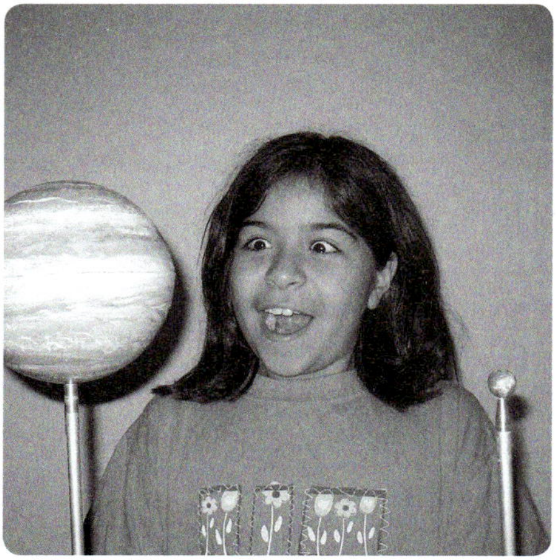

Abb. 5.11: Kind mit Modell der Erde und des Jupiters

Um die Einzigartigkeit der Erde zu begreifen, sollen die Kinder sie in Bezug zu den anderen Planeten des Sonnensystems betrachten. Vor allem ist der Vergleich der Erde mit Jupiter, dem größten aller Planeten des Sonnensystems, ein richtiges Erlebnis: So klein ist die Erde und noch viel kleiner sind die Menschen. Die Tatsache, dass es nur auf der Erde flüssiges Wasser und entsprechend Leben gibt, macht sie zu einem Ort im Sonnensystem, der besonders vor Schmutz und Zerstörung geschützt werden sollte.

Modell Sonnensystem

Materialien

- *Kugeln aus Watte, Styropor oder Holz (Merkur 5 mm, Venus 12 mm, Erde 12 mm, Mars 6 mm, Jupiter 140 mm, Saturn 120 mm, Uranus 50 mm, Neptun 50 mm, Pluto 2 mm Durchmesser)*
- *Farbe, Pinsel, Klarlack*
- *Durchsichtige feste Folie für die Saturnringe*
- *9 Holzstäbe*
- *Gelber Gymnastikball (ca. 140 cm Durchmesser)*

Nach Vorlagen aus Astronomiebüchern werden die Oberflächen der Kugeln mit den Merkmalen der Planeten bemalt, anschließend lackiert und auf den Holzstäben befestigt. Für einen Saturnring wird aus der festen Folie ein Kreis mit einem Außendurchmesser von 28 cm mit jeweils entsprechend ausgeschnittenem Innenkreis (120 mm Durchmesser) angefertigt, über den Saturn gestülpt und festgeklebt.

Mit einem selbstgebastelten Raumschiff, vielleicht auch in Begleitung von Godo, können die Kinder nun eine Reise durch ihr Sonnensystem unternehmen und dabei die Planeten kennenlernen.

Die Sternbilder

Der nächtliche Himmel mit seinen vielen Sternen fasziniert die Menschen seit jeher. Manche dieser Sternkonstellationen erinnerten unsere Vorfahren an Bilder vertrauter Dinge oder Personen – so entstanden die uns heute bekannten Sternbilder. Jede Kultur entwickelte dabei ihre eigenen Sternbilder und Mythen.

Die Erfahrung kleiner Kinder mit Sternbildern beschränkt sich oft auf ihr eigenes Sternzeichen (Tierkreissternbilder), das sie aufgrund ihres Geburtstages haben. Dass diese Sternbilder etwas mit den Sternbildern am Himmel zu tun haben, wissen nur wenige Kinder.

Mit Hilfe geeigneter Literatur (→ Anhang) entdecken die Kinder die Welt der Sternbilder. Durch das Hören der Geschichten zu den Sternbildern, das Wiederentdecken der Sternbilder auf einer Sternenkarte und das Gestalten der eigenen Tierkreiszeichen mit dunkelblauem Karton und goldenen Glitzerklebesternen nehmen die Kinder das Thema mit vielen Sinnen auf. Den Geburtsmonaten entsprechend können sie die Tierkreissternbilder ringsum im Gruppenraum aufhängen und holen so ein echtes Stück Himmel – das Abbild des echten himmlischen Tierkreises – in die Kindertageseinrichtung. Andere bekannte Sternbilder, z.B. der Große Wagen, lassen sich gut an der Zimmerdecke platzieren. Sie gehören nicht in den Tierkreis.

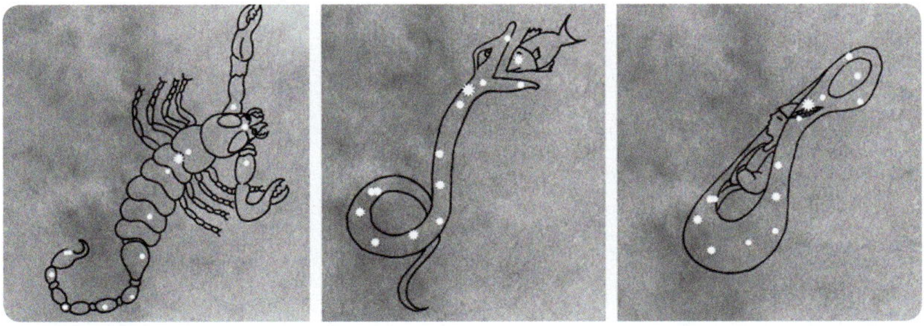

Abb. 5.12: Die Sterne des Sternbildes Skorpion werden je nach kulturellem Hintergrund als Indianertrage, Skorpion oder Schlange interpretiert

Kinder erfinden auch gern eigene Sternbilder. Dazu verbinden sie entweder zufällige Sternenkonstellationen mit Strichen zu Figuren oder legen bestimmte Dinge, z.B. eine Saftkanne oder ein Haus, mit Sternen nach. Andere Kinder können dann diese Sternbilder erraten.

Bewegungsspiel: Sternbilder und Sonnensystem

Materialien
- *Selbstgebasteltes Planetenmodell*
- *Verkleinertes Sonnenmodell*
- *Modell eines Kometen (z.B. Kugel mit Papierschweif)*
- *Bilder der zwölf Tierkreiszeichen*
- *Großes, freies Gelände*

Jedes Kind erhält einen Himmelskörper oder ein Tierkreiszeichen aus der Materialliste. Nun wird das Sonnenkind in die Mitte des Platzes gebeten. Die Kinder mit den Planetenmodellen werden einzeln von Merkur bis Pluto angewiesen, sich entgegen dem Uhrzeigersinn um die Sonne zu drehen, ohne mit einem anderen Planetenkind zusammenzustoßen. Die Kinder mit den Tierkreiszeichen stellen sich im Kreis um das Planetensystem. Dies entspricht der Anordnung im Weltall. Das Kometenkind versucht nun von außen kommend einmal um die Sonne zu flitzen und dann das Sonnensystem wieder zu verlassen.

Abb. 5.13: Kinder beim Planetenspiel

Rollenspiele, bei denen die Kinder oder kleine Spielfiguren Positionen von Himmelskörpern einnehmen, machen astronomische Phänomene begreifbar.

5.4 Förderkonzept Physik

Cecilia Scorza de Appl,
Andrea Wittke, Anita Bucur

Grundlagen

Ohne es zu merken, begegnet man im Alltag unzähligen physikalischen Phänomenen, die unmittelbar erfahrbar sind. Anders als bei der Astronomie geht es also nicht darum, das Nachdenken über ferne Himmelskörper anzuregen oder Kindern eine besondere Perspektive auf die Erde und das Universum zu vermitteln, sondern vielmehr um Phänomene, die alltagsnah in der Bauklotzecke, in der Küche, am Waschbecken, in der Turnstunde, im Hof der Kindertageseinrichtung oder im Musikunterricht zu finden sind. Die Neugier der Kinder und ihrer Erzieherinnen auf diese Alltagsphänomene zu wecken und ihnen Lust darauf zu machen, das, was sie dort erfahren können, genauer zu hinterfragen, ist das Hauptziel dieses Förderkonzeptes.

Warum gerade Physik?

Es spricht sehr vieles dafür, Kinder in ihrer Forschungsfähigkeit in Bezug auf Themen der Physik zu unterstützen. Während Veränderungen in der lebendigen Natur sehr strengen Gesetzen der Biologie folgen und man oft warten muss, um Prozesse beobachten zu können, z.B. bis eine Raupe zum Schmetterling wird oder eine Pflanze wächst, ist die Welt der Physik voll von Prozessen, die man jederzeit absichtlich steuern und verändern kann.

Physikalische Phänomene eignen sich besonders, um kausale Zusammenhänge (Ursache – Wirkung) zu demonstrieren und genauer zu untersuchen. Ein weiterer Vorteil der Physik besteht darin, dass man anhand einfacher Experimente mit Kindern das Hypothesenbilden üben kann. Auch die Trennung der Annahmen von den experimentellen Belegen gelingt hier einfacher als in anderen Bereichen. Darüber hinaus ermöglicht die Tatsache, dass scheinbar unterschiedliche Phänomene der Physik dieselbe Ursache haben, das Üben von Wissenstransfer: Eine auf einem Toaster platzierte Mülltüte fliegt aus demselben Grund in die Luft wie ein Heißluftballon.

Den Kern des vorliegenden Programms bildet die Gestaltung geeigneter Lernumgebungen, die zu unterschiedlichen Themen der Physik und unter Berücksichtigung wichtiger entwicklungspsychologisch-didaktischer Elemente gestaltet werden. Was das konkret bedeutet, wird nachfolgend näher erläutert (→ vgl. Kap. 5.5).

Was ist eine Lernumgebung?

Eine Lernumgebung ist ein spontaner, von den Kindern initiierter oder von den Erzieherinnen gestalteter Entdeckungsraum. Lernumgebungen regen Kinder dazu an, Alltagsphänomene genau zu beobachten und diese anhand von Versuchen und Experimenten zu erkunden. Da es hier nicht um einen physischen Raum im eigentlichen Sinne geht, darf die Lernumgebung nicht mit einem Lernort verwechselt werden.

Zwei Arten von Lernumgebungen lassen sich unterscheiden:

- *Spontane Lernumgebungen,* die durch spontane, direkte Fragen und Ideen der Kinder angeregt werden.
- *Induzierte Lernumgebungen,* die von Erwachsenen aufgrund von nicht sprachlich geäußerten Interessen der Kinder angeregt werden.

Startpunkt der Gestaltung einer Lernumgebung sollte immer das Erleben bzw. die Beobachtung eines Phänomens im Alltag sein, von dem ausgehend eine Reihe von Experimenten durchgeführt werden können. Aus diesen so genannten Grundexperimenten können die Kinder die physikalischen Eigenschaften und Gesetzmäßigkeiten des Phänomens ableiten, sie beschreiben, wichtige kausale Zusammenhänge herstellen und eigene Hypothesen entwickeln.

Wichtig ist, dass nach dem Experimentieren wieder die Verbindung zum ursprünglichen Alltagsphänomen und anderen, ähnlichen Phänomenen hergestellt wird. Dadurch wird ein Schubladendenken vermieden, das leider oft dazu beiträgt, Wissensbereiche nicht zu vernetzen, sondern sie künstlich abzugrenzen und das Wissen dadurch stärker von der Realität zu trennen.

Kinder gestalten ihre eigene Lernumgebung – Eis oder Glas?

Eine Lernumgebung sollte idealerweise von situationsbezogenem Handeln geprägt sein. Ein Beispiel aus der Physik mag demonstrieren, wie sich Kinder von allein forschend einer Frage nähern und dabei ohne Anleitung von Erwachsenen eine Lernumgebung schaffen.

Ein Kind findet in einer Pfütze im Hof der Einrichtung etwas, das es zunächst für ein Stück Glas hält. Voller Freude zeigt es seinen Freunden das entdeckte Objekt und sagt: „Schaut, ich habe ein Stück Glas gefunden!"

Ein zweites Kind erwidert: „Es könnte aber auch Eis sein."

„Wie finden wir es heraus?", fragt das erste Kind.

„Indem wir unsere Handschuhe ausziehen und es anfassen", antwortet das zweite Kind. Nachdem sie das Objekt mit bloßen Händen angefasst haben, stellt das erste Kind fest: „Du hast Recht! Es muss Eis sein, weil es kalt und feucht ist."

Ein Mädchen, das das Ganze beobachtet hat, sagt jedoch: „Ein Stück Glas, das lange im Schnee liegt, wird auch feucht und kalt, oder?"

Was ist es nun: Eis oder Glas? Zu dritt betrachten sie neugierig das Fundobjekt und überlegen, wie sie seine wahre Natur herausfinden können. Nach einiger Zeit schlägt das zweite Kind vor: „Ah, ich weiß! Wir nehmen es mit hinein und legen es auf einen Teller. Wenn es nach einer Weile schmilzt, dann war es Eis."

Die Kinder setzen ihre Worte in die Tat um. Nach zwei Stunden liegt ein kleiner See auf dem Teller. „Es war eindeutig Eis!“, sagen sie gemeinsam und sind stolz auf ihre Entdeckung (Text basiert auf einem Dialog in Crowther, 2005).

Sind Kinder in der beschriebenen Weise mit dem eigenen Forschen beschäftigt, so sollten Erwachsene sie nicht dabei stören, sondern ihnen als Möglichmacher helfen, geeignete Rahmenbedingungen zu schaffen, um das eigene Projekt umzusetzen.

Fördermöglichkeiten

Bevor einzelne Elemente der Gestaltung guter Lernumgebungen detailliert dargestellt werden, soll anhand von zwei Praxisberichten illustriert werden, wie man sich die Gestaltung einer spontanen und einer induzierten Lernumgebung vorstellen kann.

Spontane Lernumgebung „Elektrostatik“

Abb. 5.14: Elektrostatische Aufladung sorgt dafür, dass dem Mädchen die Haare zu Berge stehen

In einer Kindertageseinrichtung zieht sich im Winter ein Mädchen ihren Pulli aus, und auf einmal stehen ihr die Haare zu Berge. Alle Kinder lachen und versuchen es bei sich selbst. Bei einigen klappt es besser, bei anderen gar nicht.

Die Erzieherin holt ein Stück Styropor, reibt es kräftig mit einem Stück Wolle und hält es über die Köpfe der Kinder. Jetzt spüren alle, dass ihre Haare zu Berge stehen.

„Wie hast du das gemacht?“, fragen die Kinder.

„Indem ich das Stück Styropor gerieben und es dadurch aufgeladen habe."

Die Kinder fangen an, selbst Styroporstücke zu reiben, und versuchen herauszufinden, welche Materialien (Gummis, Kunststoffbausteine, Luftballons, Münzen) sich anziehen lassen. Am besten klappt es mit den Papierschnipseln, die auf dem Boden liegen.

„Warum ist das so?", fragen die Kinder.

„Indem wir die Objekte reiben, werden sie geladen, und wenn sie in unsere Nähe kommen, entladen sie sich entlang unseres Körpers. Es kann dann sogar ein Mini-Blitz entstehen", erläutert die Erzieherin. Die Kinder kennen das Phänomen: Manchmal entladen sie sich gegenseitig beim Anfassen und das tut ziemlich weh.

Zum Schluss holt die Erzieherin einen Plastikbehälter und stellt ein geriebenes Styroporstück darauf. Vorsichtig platziert sie eine lange Gabel auf dem Styropor und bittet die Kinder, sich mit dem ausgestreckten Zeigefinger der Gabel zu nähern. Plötzlich quietscht ein Kind – ein Mini-Blitz ist von der Gabel in seinen Finger gesprungen!

„Genauso passiert es oben in den Wolken. Durch Reibung werden die Wolken geladen und dann entladen sie sich entlang der Blitzableiter der Häuser, so wie vorhin entlang unserer Zeigefinger. Blitze mögen nämlich Spitzen."

Die Kinder beschäftigen sich den ganzen Vormittag über mit Elektrostatik. Plötzlich wissen sie, warum sie sich auf der Rutsche häufig aufladen oder warum man sich bei Stürmen nicht unter einen Baum stellen soll. Und auf dem Weg nach Hause zeigen sie stolz ihren Eltern alle Blitzableiter, die sie sehen und zählen sie eifrig. Sie haben etwas Neues in der Welt wahrgenommen.

Induzierte Lernumgebung „Papierflieger"

Seit Tagen beschäftigen sich sowohl die Jungen als auch die Mädchen der Kindertageseinrichtung mit Papierfliegern. Die Erzieherin weiß nicht, wohin mit den Bergen an Papierflugzeugen, die überall auf dem

Boden liegen. Am Ende beschließt sie, eine Lernumgebung zum Thema „Papierflieger" zu gestalten.

Welche physikalischen Prozesse spielen hier eine Rolle? Die Erzieherin informiert sich in einem Buch über Papierfliegermodelle. Dort tauchen Begriffe wie *Luftwiderstand* und *Auftrieb* auf. Um die zu verstehen, greift sie zu einem Blatt Papier und bastelt selbst verschiedene Papierflieger. Zwei Stunden später hat sie einige Geheimnisse gelüftet und ist fasziniert von ihren Papierflugzeugmodellen.

Am nächsten Tag fragt sie die Kinder, wie viele unterschiedliche Papierfliegermodelle sie kennen. „Nur eins!", lautet die Antwort.

„Dann ist es höchste Zeit, dass wir verschiedene Arten basteln!" Die Erzieherin baut drei Stationen auf:

- An einer dieser Stationen können sich die Kinder mit dem Luftwiderstand vertraut machen, indem sie lose und zerknüllte Papierblätter oder Spielkarten waagrecht und senkrecht auf den Boden fallen lassen.
- An der zweiten Station wird der Auftrieb aufgegriffen: Kinder pusten am Rand eines DIN-A5-Blattes und stellen fest, dass sich das Papier hoch hebt.
- An der dritten Station liegen schließlich verschiedene Papierflieger. Die Kinder untersuchen hier den Zusammenhang zwischen der Form des Fliegers (spitz, breite Tragflächen) und der Art des Fluges (geradlinig, gleitend, mit Loopings).

Bald soll ein Wettbewerb stattfinden, bei dem es drei Preise geben wird:

- Für das Flugzeug, das am schnellsten die andere Ecke des Raumes erreicht
- Für das Flugzeug, das am längsten in der Luft bleibt
- Für das Flugzeug, das die meisten Loopings macht.

Zu ihrem Erstaunen sind die Kinder nun in der Lage, auf Grund der Form eines Fliegers schnell vorherzusagen, wie er fliegen wird. Die Beziehung zwischen Ursache (Form) und Wirkung (Flugart) haben die Kinder längst verstanden.

Manchen Erzieherinnen fällt es unter Umständen zunächst schwer, die Fragen der Kinder direkt aufzugreifen und spontan eine Lernumgebung zu gestalten. In solchen Fällen ist es sicher hilfreich, zunächst die eine oder andere induzierte Lernumgebung anzubieten.

Die Gestaltung von Lernumgebungen ist zentraler Bestandteil des Förderkonzepts Physik und wird nachfolgend ausführlich erläutert.

5.5 Die Schaffung einer guten Lernumgebung

Was macht eine gute Lernumgebung aus?

Cecilia Scorza de Appl, Andrea Wittke, Anita Bucur

Was sollte berücksichtigt werden, wenn eine Lernumgebung geplant wird? Wie kann man sicher sein, dass Kinder im Rahmen einer bestimmten Lernumgebung umfassend in ihrem naturwissenschaftlichen Denken gefördert werden? Verschiedene Aspekte, die allgemein für die Gestaltung guter Lernumgebungen wichtig sind, werden nachfolgend am Beispiel der Auseinandersetzung mit dem Thema Lufterwärmung vorgestellt.

Erleben und Beobachten

Körperliche Erfahrungen und Alltagsbeobachtungen bieten den idealen Ausgangspunkt für die Gestaltung von Lernumgebungen.

Ausgangspunkt einer Lernumgebung sollte immer das Erleben bzw. die Beobachtung eines Phänomens aus dem Alltag sein, damit die Wahrnehmung der Kinder erweitert wird und der bereits erwähnte Bezug zum Alltagkontext erhalten bleibt. Dies gelingt am besten über eine körperliche Erfahrung der Kinder, wenn sie z.B. an ihren Händen merken, dass die Luft über der Heizung wärmer ist.

Diese unmittelbare körperliche Erfahrung wird dann mit interessanten Beobachtungen in Verbindung gebracht – so etwa, wenn über der Heizung Spiralschlangen aus Papier aufgehängt werden und diese anfangen, sich zu drehen. In dieser Phase wird einfach gestaunt, ange-

Abb. 5.15: Ein Luftballon wird von heißer Luft aufgeblasen

fasst und beobachtet - und wenn die Kinder keine Fragen stellen, liegt dies daran, dass sie noch zu sehr mit dem Staunen und den körperlichen Erfahrungen beschäftigt sind. Man sollte ihnen Zeit lassen, sich dem Phänomen in ihrem Tempo zu nähern.

Experimentieren

Ausgehend von Kinderfragen oder der Beobachtung, dass sich die Kinder sehr lange und ausgiebig mit einem Phänomen beschäftigen, können dann gemeinsam grundlegende Experimente durchgeführt werden, durch die das Nachdenken über ein Phänomen vertieft wird. Unter grundlegenden Experimenten verstehen sich diejenigen, die direkte Aussagen über die wichtigsten physikalischen Eigenschaften des beobachteten Phänomens liefern.

Im Falle der Luft gilt es z.B. zu zeigen, dass sich warme Luft ausdehnt und aufsteigt, während sich kalte Luft zusammenzieht. Dies kann mit einer Flasche demonstriert werden, über deren Öffnung man einen Luftballon stülpt. Wird die Flasche in heißes Wasser gestellt, bläst sich der Luftballon auf. Stellt man sie in eiskaltes Wasser, wird derselbe Luftballon in die Flasche hineingepresst.

Beim Experimentieren sollte stets gesichert sein, dass die Kinder genügend Möglichkeiten zum Ausprobieren haben. Die Erweiterung und Differenzierung der Wahrnehmung, d.h. genau hinzuschauen, zu hören, zu fühlen und zu riechen, führt dazu, dass die Kategorien, die die Kinder bilden, um die Gegenstände der Welt einzuordnen, verfeinert werden. Schließlich ermöglicht das wiederholte Beobachten derselben Effekte die Wahrnehmung von Ursache-Wirkungs-Zusammenhängen und fördert damit das kausale Denken der Kinder.

Reflektieren

An die Phase des aktiven Experimentierens schließt sich die Reflexion des Phänomens an. Diese kann innerhalb des Stuhlkreises stattfinden. Hier wird besprochen:

- Was ist eigentlich passiert?
- Was haben wir gemacht und beobachtet?
- Wo gab es Unterschiede und Gemeinsamkeiten zwischen verschiedenen Beobachtungen?

Die Reflexion fördert die Entwicklung des abstrakten Denkens und geht damit über die Ebene des reinen Handelns hinaus. Die Reflexionsphase ist genauso wichtig wie das Experimentieren selbst. Jetzt werden die wichtigsten Erkenntnisse zusammengefasst. Diese können einfache physikalische Regeln beinhalten: „Heiße Luft dehnt sich aus, kalte Luft zieht sich zusammen." Zudem wird das hypothetische Denken angeregt. Machen die Kinder Vorhersagen, wird gemeinsam überlegt, wie diese überprüft werden können. Im Anschluss kann ein neues (gezieltes) Experiment geplant werden.

Das sprachliche Benennen von Erfahrungen in der Reflexionsphase hilft Kindern, diese bewusst zu verarbeiten und mit anderen zu teilen.

In der Reflexionsphase wird auch nach Erklärungen gesucht. Dabei ist es von entscheidender Bedeutung, die Interessen der Kinder zu berücksichtigen. Kinder, die nicht nach Erklärungen fragen, sollten damit auch nicht überschüttet werden. Erklärungen regen jedoch zur Erweiterung des Wortschatzes und zur Hypothesenbildung an und sind deshalb durchaus hilfreich.

Da Kinder nicht immer allein durch die Beobachtung eines Experimentes das dahinterstehende Prinzip abstrahieren, ist es wichtig, ihnen nicht nur Effekte zu demonstrieren, sondern ihnen auch zugrundeliegende kausale Mechanismen zu zeigen. Denn nur, wenn die Ursache eines Effektes verstanden wird, kann dieses neu erworbene Wissen auf eine andere ähnliche Situation übertragen werden. Das ist vor allem für die Vernetzung von Wissen und für die eigene Theorienbildung wichtig.

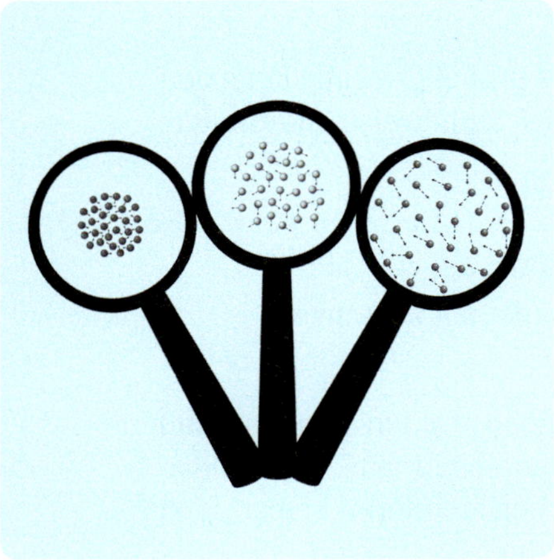

Abb. 5.16: Die Zauberlupe macht anschaulich, wie sich warme und kalte Luftteilchen verhalten

Zur Veranschaulichung der Erklärungen sind mitunter einfache Modelle hilfreich. Beispielsweise kann mithilfe einer so genannten Zauberlupe auf Abbildungen für die Kinder sichtbar gemacht werden, was passiert, wenn sich die Luftteilchen erwärmen bzw. abkühlen. Werden sie warm, bewegen sie sich schneller, stoßen mehr aneinander und brauchen insgesamt mehr Platz. Werden sie kalt, bewegen sie sich wenig und brauchen nur wenig Platz.

Auch ein Spiel, bei dem sich die Kinder selbst mit den Luftteilchen identifizieren, veranschaulicht das zugrundeliegende Prinzip.

Die Kinder bewegen sich zunächst frei im Raum. Bei der Ansage: „Jetzt kommt die Kälte" wird sehr stark geblasen und alle Kinder rücken zusammen, fallen sogar auf den Boden, weil ja kalte Luft sinkt.

Erklärungen fördern die Hypothesenbildung und den Wissenstransfer. Kinder brauchen sie für ihre eigene Theorienbildung.

Bei der Ansage: „Und dann kommt die Hitze", rennen die Kinder umher und stellen sich auf die Zehenspitzen, denn heiße Luft dehnt sich aus und steigt nach oben.

Variationen

Heutzutage findet man im Handel unzählige Experimentierbücher für Kinder, in denen die Experimente thematisch nach den Elementen (Feuer, Luft, Wasser und Erde) oder nach Kräften (Magnetismus, Elektrostatik, Schwerkraft) sortiert sind. Obwohl hier wichtige Themen der Physik behandelt werden, findet man pro Thema nur einzelne – häufig vom Alltagskontext isolierte – Experimente.

Es ist jedoch empfehlenswert pro Thema (z.B. „Eigenschaften der Luft“) Variationen von Experimenten durchzuführen. Damit ist gemeint, dass dieselben physikalischen Eigenschaften anhand von Experimenten mit unterschiedlichen Objekten verdeutlicht werden. Kinder, die z.B. beobachtet haben, wie ein Luftballon an der Öffnung einer Glasflasche zusammenschrumpft, nachdem die Flasche ins Eiswasser gestellt wurde, werden in der Lage sein zu verstehen, warum eine Plastikflasche – nachdem sie für einige Stunden ins Gefrierfach gestellt wurde – geschrumpft aussieht. Sie wissen nämlich von den Grundexperimenten, dass sich kalte Luft zusammenzieht.

Durch Experimente mit Variationen fällt es Kindern leichter, Regeln zu abstrahieren und ihr Wissen zu vernetzen.

Die Variationen fördern naturwissenschaftliche Denkprozesse wie die Bildung neuer Hypothesen, den Wissenstransfer, das Erkennen von Zusammenhängen und die Feststellung von Regelmäßigkeiten.

Alltagsbezug

Die Erkundung eines physikalischen Phänomens sollte nicht mit der Durchführung der Experimente aufhören. Vielmehr sollte zum Schluss der Bogen zurück zum Alltag geschlagen werden.

Forscher führen Experimente durch, um Phänomene der Welt zu verstehen. Entsprechend sollten die experimentellen Ergebnisse in der Kindertageseinrichtung zum Schluss auch in einem realen Kontext betrachtet werden.

Als Beispiel dient auch hier die Luft: Ausgangssituation der Lernumgebung zum Thema Luft war die Beobachtung, dass sich Papierspiralen über einer Heizung drehen. Da die Kinder dies sehr faszinierte, führte die Erzieherin mit ihnen Grundexperimente zu den Eigenschaften der Luft durch und probierte nach der sich anschließenden Reflexionsphase mit den Kindern einige Experiment-Variationen aus. Zum Schluss sollen nun erneut die Papierspiralen betrachtet und über deren Drehmechanismus diskutiert werden. Zusätzlich dazu kann vielleicht ein Heißluftballon beobachtet und die neu erworbenen Informationen mit seinem Flugmechanismus in Verbindung gebracht werden.

Zum Abschluss sollte der Bezug zur Ausgangsfrage wieder hergestellt und das Phänomen in Alltagserfahrungen verankert werden.

Die Kinder werden Freude daran haben, ihr Wissen in mehreren Alltagssituationen anzuwenden.

Für eine optimale Förderung des naturwissenschaftlichen Denkens bei Kindern ist es wichtig, die Gestaltung der Lernumgebungen immer wieder gemeinsam mit anderen Kollegen und Kolleginnen zu reflektieren. Das Verhalten der Kinder steht dabei ebenso im Mittelpunkt wie das Verhalten der Fachkräfte. Der nachfolgende Praxistipp bietet eine Orientierungshilfe für Reflexionsprozesse im Team.

Praxistipp – Reflexion im Team

Hat das Team einer Kindertageseinrichtung eine Lernumgebung gestaltet, sollte es Zeit für Teamgespräche über die Umsetzung einplanen. Falls möglich, empfiehlt es sich, gemeinsam Video-Aufnahmen von der Umsetzung anzuschauen und über das Verhalten von Kindern und Fachkräften zu sprechen. Für die Reflexion sind die nachfolgenden Fragen hilfreich.

Merkmale einer Lernumgebung	Der Blick auf die Kinder	Der Blick auf die Erzieherinnen
Natürliche Ausgangssituation	Worüber staunen und wofür interessieren sich die Kinder?	Wodurch fördern Sie die kindliche Neugierde und Freude am Lernen?
	Wie viele und welche Fragen stellen die Kinder?	Wie gehen Sie auf die kindlichen Fragen ein?
Grundlegende Experimente und Beobachtungen	Was probieren die Kinder selbstständig aus?	Wie regen Sie die Kinder zu Eigeninitiative an?
	Wie beobachten die Kinder?	Wie regen Sie die Kinder zu genauem Beobachten an?
	Was bringen die Kinder bereits an Vorwissen mit?	Wie vermitteln Sie den Kindern, dass auch Sie als Erzieherinnen Lernende sind?

Merkmale einer Lernumgebung	Der Blick auf die Kinder	Der Blick auf die Erzieherinnen
Reflexionsphase	Wie verbalisieren die Kinder das Wahrgenommene?	Wie gestalten Sie die Reflexion des Phänomens?
	Welche Ursache-Wirkungs-Zusammenhänge erkennen die Kinder?	Wie gehen Sie mit Erklärungsvorschlägen der Kinder um?
	Welche physikalische Eigenschaften und Schlussfolgerungen ziehen die Kinder?	Welche Erklärungen geben Sie und wann geben Sie diese?
Variationen	Welche eigenen Hypothesen bilden die Kinder?	Wie ermuntern Sie die Kinder eigene Hypothesen zu formulieren?
	Haben die Kinder Ideen, wie man die Annahmen überprüfen könnte? Wenn ja, welche?	Wie greifen Sie die Ideen/ Anregungen der Kinder auf?
	Experimentieren die Kinder gezielt?	Auf welche Weise unterstützen Sie die Kinder, eigene Lern- und Lösungswege zu finden und aufgeworfene Fragen gezielt zu verfolgen?
	Führen die Kinder verschiedene Varianten eines Experiments durch? Wenn ja, welche?	Wodurch fördern Sie einen Wissenstransfer?
	Übertragen die Kinder bereits Gelerntes auf andere Kontexte?	Mit welchen anderen Themenbereichen verknüpfen Sie das Phänomen?
Phänomen im Alltag	Welche Beispiele bringen die Kinder aus dem Alltag mit ein?	Wodurch fördern Sie den Bezug zum Alltag?

Tab. 5.1: Reflexion von Lernumgebungen

Wie organisiert man eine gute Lernumgebung?

Viktoria Herber, Cornelia Kruspel

Vor Beginn der Umsetzung eines Förderkonzeptes sind immer viele organisatorische und inhaltliche Fragen zu klären. Das Team muss nicht nur überlegen, was es mit den Kindern durchführen kann, sondern auch weitere Aspekte bedenken, die für die Vorbereitung von naturwissenschaftlichem Forschen in der Kindertageseinrichtung wichtig sind. Das betrifft z.B. die Frage, wer in welcher Weise an der Schaffung von Lernumgebung beteiligt werden soll. Aber auch die Fragen danach, wann sich die Durchführung eines bestimmten Projektes anbietet und wo Experimente stattfinden können bzw. ein Lernort eingerichtet werden kann, sind von Bedeutung.

Wer ist an der Schaffung von Lernumgebungen beteiligt?

Die Schaffung einer guten Lernumgebung setzt die enge Zusammenarbeit unterschiedlicher Gruppen voraus. Dazu gehören die Träger, die Erzieherinnen, die Eltern und natürlich auch die Kinder. Einzelne Aspekte dieser Zusammenarbeit wurden in der Einleitung zum Buch bereits kurz erwähnt und werden an dieser Stelle näher erläutert.

Der Träger und die Fachleitung

Soll naturwissenschaftliche Bildung langfristig in der Kindertageseinrichtung etabliert werden, ist es nicht nur erforderlich, dass sich die Fachkräfte untereinander organisieren, sondern auch, den Träger und die Fachleitung von dem geplanten Vorhaben zu informieren. Das gilt insbesondere, wenn die Projektarbeit mit einer Veränderung der Raumgestaltung oder der Personalstruktur einhergeht.

Die Information des Trägers und der Fachleitung kann sowohl schriftlich als auch in einem persönlichen Gespräch mit der Leitung der Einrichtung erfolgen. Besonders wichtig ist es, Vertreter des Trägers vor Ort über die Pläne zu informieren, wenn eine Lernwerkstatt oder eine Forscherecke eingerichtet werden soll.

Aspekte, über die informiert werden sollte:

- Die Zielsetzung der Projektarbeit/der Einrichtung des Lernortes
- Die Einbettung des Vorhabens in das pädagogische Gesamtkonzept
- Der Plan für die Einrichtung von Lernwerkstätten/Forscher-Ecken
- Eine Aufstellung der benötigten Personalressourcen
- Eine Aufstellung der geplanten Ausgaben.

Die pädagogischen Fachkräfte

Die Fachkräfte der Einrichtung sind der Schlüssel für das Gelingen jedes Projektes. Ihre Aufgaben sind vielfältiger Art. In der Regel müssen sie sich zunächst gut im Team organisieren, bevor die Umsetzung eines Bildungsprojektes gelingen kann.

- Zu Beginn steht selbstverständlich die Absprache mit der Leitung. In der Regel wird diese Absprache erfolgen, bevor ein Teil des Teams eine Fortbildung zum Thema Naturwissenschaften besucht.
- Es hat sich als sinnvoll erwiesen, wenn nicht nur eine einzelne Erzieherin, sondern das ganze Team eine Fortbildung besucht. Dies fördert den Austausch und die Möglichkeit, Aufgaben zu verteilen. Um das zu realisieren, müssen im Vorfeld Absprachen mit der Leitung erfolgen und es sollte im Dienstplan ausreichend Vorbereitungszeit festgeschrieben sein. Solche Absprachen erfordern in Zeiten geringer Personalmittel Solidarität innerhalb des Teams.
- Induzierte Lernumgebungen zu schaffen, ist eine anspruchsvolle Aufgabe – besonders, wenn man dem Ziel gerecht werden möchte, auf die Interessen, Fragen und Beobachtungen der Kinder einzugehen. Auch hier ist es hilfreich, wenn mehr als eine Fachkraft mit den Fortbildungsinhalten vertraut ist.
- Soll später ein Lernort geschaffen werden, damit das Forschen der Kinder nachhaltig unterstützt wird, ist es notwendig, die Verantwortlichkeiten für die Gestaltung und Wartung des Lernortes genau zu klären.

- Unter Umständen ist es jedoch sinnvoll, dass sich eine Erzieherin thematisch zur Fachfrau macht und stellvertretend für alle recherchiert, welche Experimente sich mit den Kindern durchführen lassen, welche Materialien besorgt werden müssen und wie man mit Fragen der Kinder zum Thema umgeht.
- Eine große Bedeutung kommt der Zusammenarbeit der Fachkräfte bei der Nachbesprechung von Fördermaßnahmen zu. Sich bei der Reflexion innerhalb des Teams gegenseitig zu unterstützen, kann die eigene Entwicklung von Frühförderkompetenzen wesentlich verbessern.

Die Eltern

Die Rolle der Eltern bei der Umsetzung eines naturwissenschaftlichen Bildungsprozesses sollte im Idealfall der Erzieherinnenrolle ähneln. Eine interessierte Haltung dem Kind und seinen Aktivitäten gegenüber und die Schaffung von Rahmenbedienungen für das Forschen zu Hause stehen im Vordergrund.

Damit die Eltern ihr Kind in genannter Weise unterstützen können, brauchen sie zunächst Wissen darüber, welche Themen konkret in der Kindertageseinrichtung behandelt werden und wie man am besten mit Forscherfragen der Kinder umgeht.

- Elternbriefe sind hier sehr hilfreich. Sie informieren Eltern über das geplante Vorhaben, sie laden zu Elternabenden oder Forscher-Tagen ein oder sie ermutigen die Eltern, mit der Fachkraft über das Projekt zu sprechen.
- Plakate, die im Eingangsbereich aufgehängt werden, setzen Eltern auf indirektem Weg davon in Kenntnis, dass in der Kindertageseinrichtung gerade etwas Besonderes passiert. Sind auf den Plakaten Bilder von experimentierenden Kindern zu sehen, werden Eltern neugierig und sprechen die Gruppenleitung eher darauf an, was gerade gemacht wird.
- Thematische Elternabende tragen dazu bei, den Blick der Eltern für die Forschertätigkeit ihrer Kinder zu schärfen. Hier ergeben sich Gelegenheiten, über die Projektaktivitäten zu berichten, gemeinsam die Grundhaltung der eigenen Rolle als Möglichma-

cher zu diskutieren, Anregungen für kleine Experimente zu geben, die man auch zu Hause durchführen kann oder über die Mitwirkung bei der Projektarbeit bzw. der Vorbereitung von Eltern-Kind-Forschertagen zu sprechen. Es ist auch denkbar, Referenten einzuladen, die über wichtige theoretische Hintergründe der pädagogischen Arbeit mit den Kindern informieren.

- Eltern-Kind Forschertage oder Eltern-Kind Nachmittage, an denen gemeinsam mit den Erzieherinnen und den Kindern in der Einrichtung experimentiert wird, sind besonders wirksam (→ vgl. Anhang). Damit das Interesse der Eltern an dem Projekt geweckt wird, müssen sie durch eigenes Erleben, Ausprobieren und Forschen neugierig werden. Spaß am Experimentieren, das mit allen Sinnen erlebt werden kann, ist der beste Wegweiser im naturwissenschaftlichen Bildungsprozess.
- Eltern können auch bei der Projektumsetzung tätig werden. So mag es sein, dass sie Material für die Forscherecke beisteuern, aufgrund besonderer Kenntnisse als Experten für ein Thema zur Verfügung stehen oder einfach Lust haben, der Erzieherin an Experimentiertagen zu helfen.
- Neben solchen eher aufwändigen Maßnahmen sind auch einfache Elterngespräche über die Forschertätigkeit der Kinder von großem Nutzen. Gelegenheiten dazu ergeben sich, wenn die Eltern ihre Kinder bringen oder abholen. Natürlich lassen sich auch gesonderte Termine für solchen Gespräche vereinbaren. Die Erzieherin fragt dann, ob das Kind auch zu Hause Forscherfragen gestellt hat, ob es versucht hat, Experimente aus der Kindertageseinrichtung zu wiederholen oder ob den Eltern sonst in irgendeiner Weise aufgefallen ist, dass sich das Kind auch außerhalb der Kindertageseinrichtung mit Naturphänomenen beschäftigt.

Die Kinder

Von Anfang an sollten die Kinder in alle Entscheidungsprozesse einbezogen werden. Das gilt nicht nur für die Frage, welche Themen sie bearbeiten oder welche Experimente sie durchführen, sondern auch für organisatorische Fragen.

- Sie können z.B. mit überlegen, welche Materialien bestellt werden, wo eine Forscher-Ecke ihren Platz bekommen kann oder welche Experimente für den Eltern-Kind-Forschertag vorbereitet werden.
- Lassen sich bestimmte Versuche nur mit einer Teilgruppe von Kindern durchführen, sollte man diese Entscheidung zunächst mit den Kindern gemeinsam besprechen.
- Gleiches gilt für das Aufstellen allgemeiner Forscher-Regeln im Umgang mit Materialien zum naturwissenschaftlichen Experimentieren.

Wo können Lernorte geschaffen werden?

Wie immer wieder betont wurde, sollen Erzieherinnen die Voraussetzungen dafür schaffen, dass Kinder ihre bereits vorhandenen Fähigkeiten nutzen und erweitern können. Neben der Gestaltung von Lernumgebungen, spielt auch die Gestaltung von Lernorten eine zentrale Rolle. In den meisten Kindertageseinrichtungen gilt es, bei der Einrichtung von Lernorten bestimmte Rahmenbedingungen zu beachten (→ vgl. Anhang). Von großer Bedeutung sind dabei vor allem die räumlichen Gegebenheiten.

Lernwerkstätte

Wenn die räumlichen Bedingungen es zulassen, kann ein ganzer Raum als Lernwerkstätte zur gruppenübergreifenden Nutzung eingerichtet werden. Wenn eine Entscheidung für die Lernwerkstatt als Funktionsraum getroffen wird, müssen Zuständigkeiten und Verantwortlichkeiten geklärt werden:

- Wer sorgt dafür, dass ausreichend Verbrauchsmaterialien zur Verfügung stehen?
- Wer kümmert sich darum, dass der Raum ordentlich hinterlassen wird, wenn Kinder dort frei experimentiert haben?

Forscher-Ecke

Steht kein eigener Raum als Lernwerkstatt zur Verfügung, kann eine Forscher-Ecke in den Gruppenraum integriert werden. Dabei ist auf eine klar strukturierte Raum- und Materialaufteilung zu achten, um eine Reizüberflutung zu vermeiden. Bei der Gestaltung ist es besonders wichtig, dass kleinere Raumbereiche geschaffen werden, in denen die Kinder ungestört einzeln oder auch zu mehreren arbeiten können. Dazu ist eine Abgrenzung mit Raumteilern erforderlich.

Abb. 5.17: Eine Lernwerkstatt im Gruppenraum

Mobiles Forscherlabor

Bei ungünstigen räumlichen Bedingungen kann die Umsetzung durch ein mobiles Forscherlabor erfolgen. Dazu werden die Materialien in durchsichtigen Themenboxen oder Körben untergebracht und mithilfe eines Rollregals oder Servierwagens flexibel eingesetzt.

Was ist bei der Einrichtung eines Lernortes zu beachten?

- Der Lernort braucht einen festen Platz. Die Kinder müssen wissen, wo sie das Forschermaterial finden, mit dem sie einfache Experimente durchführen können, die an ihren Alltag anknüpfen. Es macht keinen Sinn, am Lernort Experimente anzubieten, für deren Durchführung die Kinder unbedingt die Hilfe der Erzieherin benötigen.
- Grundsätzlich wird ein Lernort so aufgebaut, dass er von allen Kindern benutzt werden kann. Da die Lernmaterialien für unterschiedliche Schwierigkeitsgrade geeignet sind, sprechen sie unterschiedliche Entwicklungsstufen der Kinder an. So kann jedes Kind die Materialien wählen, die es gerade zu seiner Weiterentwicklung braucht.

- Besonders empfehlenswert sind Materialien, die in jedem Haushalt zu finden sind. Dann ist der Bezug zum Alltag für Kinder leicht erkennbar, und sie können die Experimente jederzeit zu Hause wiederholen.
- Kosten entstehen auf jeden Fall – die Höhe ist abhängig von der Entscheidung, wie der Lernort ausgestattet wird. Werden überwiegend vorgefertigte und über den Kindergartenhandel erworbene Materialien genutzt, sind die Kosten für eine Erstausstattung sehr hoch. Werden die Materialien selbst erstellt oder eingekauft, sind die Anschaffungskosten niedriger. Viele Materialien können auch auf Flohmärkten erstanden werden. Empfehlenswert ist eine Mischung aus professionell gefertigten und selbst entwickelten Materialien.
- Die Kinder sollten die Möglichkeit haben, in verschiedenen Positionen und Höhen zu arbeiten: sitzend am Tisch, im Stehen oder auch auf einem Teppich liegend. Es ist also nicht nur wichtig, darauf zu achten, welche Forschermaterialien zur Verfügung stehen, sondern auch darauf, wo die Kinder damit arbeiten können.
- Lernorte „leben“ in den einzelnen Einrichtungen. Sie sind veränderbar und werden gemeinsam mit den Kindern ständig weiterentwickelt. Dazu dienen die Beobachtungen der Erzieherinnen. Es ist durchaus sinnvoll, die Kinder immer wieder zu befragen, was ihnen an ihrer Forscherecke gefällt und welche weiteren Wünsche sie haben.

Folgende Materialien haben sich für die Grundausstattung zum naturwissenschaftlichen Experimentieren besonders bewährt:

- Große durchsichtige Plastikwannen
- Schläuche, Trichter, Spritzen, Plastikflaschen, Siebe, Messbecher
- Reagenzgläser, Deckelgläser
- Pinzetten, Pipetten, Löffel, Strohhalme
- Schalen und Mörser
- Maß- und Messmöglichkeiten
- Badethermometer
- Lupe, Lupendosen, Mikroskop.

Die Materialien werden in offenen Regalen (Lernwerkstatt, Forscherecke) oder in Kisten (mobiles Forschungslabor) übersichtlich präsentiert, um die Neugierde der Kinder hinsichtlich der Benutzung anzuregen. Sinnvoll ist es auch, den Standort der Materialien mit Symbolen oder Fotos am Regal zu kennzeichnen. So finden die Kinder jedes Material immer wieder am selben Ort.

5.6 Zusammenfassung

Die Umsetzung der beschriebenen Förderprogramme und die Schaffung von Lernumgebungen haben sich in vielen Kindertageseinrichtungen bereits als große Bereicherung für die Arbeit erwiesen. Doch der Anspruch, das naturwissenschaftliche Denken der Kinder zu fördern, kann bei Erzieherinnen durchaus auch Ängste und Widerstände auslösen. Vor allem dann, wenn sie selber schlechte Erfahrungen mit den Naturwissenschaften gemacht haben oder diese Art zu denken ihnen bislang fremd erschien. Wie soll man Kinder für etwas begeistern können, von dem man selber nicht überzeugt ist?

Eine überraschende Erfahrung besteht jedoch darin, dass naturwissenschaftlich Frühförderung am ehesten gelingt, wenn sich Erzieherinnen zunächst selber erlauben, Fragen zu stellen und Dinge auszuprobieren. Sie brauchen Kindern nichts „vorzuturnen“, sondern dürfen sich gemeinsam mit den Kindern im Forschungsprozess entwickeln und sich dem Thema Naturwissenschaften spielerisch nähern. Den eigenen Entdeckergeist zu aktivieren, ist ein Lernprozess, an dem alle Beteiligte Freude haben dürfen.

Abb. 5.18: Erwachsene als Möglichmacher und Begleiter naturwissenschaftlicher Lernprozesse

Die Tatsache, dass Erzieherinnen nicht Lehrende sein müssen, sondern auch Lernende sein dürfen, kann ihre pädagogische Haltung entscheidend verändern. Auch eine praxisnahe Qualifizierung mit dem gesamten Team der Einrichtung ist besonders hilfreich, um den einmal begonnenen Prozess am Leben zu erhalten: Zusammen traut man sich eher, Fragen laut zu stellen und es macht mehr Spaß, gemeinsam nach einer Lösung zu suchen als alleine. Das gilt für Kinder und Erwachsene gleichermaßen.

Naturwissenschaftliches Denken ist ein Prozess, der nicht an feste Projektlaufzeiten gebunden ist oder der Erzieherinnen zwingt, ein Plan-Soll zu erfüllen. Sie dürfen sich mit den Kindern zusammen von deren Entdeckungen überraschen lassen. Es lohnt sich in jedem Fall, ihm einen festen Platz in der Kindertageseinrichtung einzuräumen. Wer einmal damit begonnen hat, wird so schnell nicht wieder aufhören. Das gilt für Kinder und alle Erwachsenen, die als Möglichmacher und Begleiter am Prozess teilhaben.

6 Die Wirksamkeit naturwissenschaftlicher Förderung in der Kindertageseinrichtung

Sabina Pauen

Ein großes Problem in der pädagogischen Praxis besteht darin, dass zwar viele Förderkonzepte auf dem Markt sind, es aber kaum wissenschaftliche Untersuchungen gibt, die prüfen, ob diese einzelnen Konzepte auch wirklich positive Wirkung haben. Um diesem Problem zu begegnen, wurde die Wirkung der naturwissenschaftlichen Frühförderung bei den oben vorgestellten Förderkonzepten von einer psychologischen Forschungsstudie begleitet.

Ziel der wissenschaftlichen Begleitung war es zu beschreiben, was sich bei den Kindern, den Fachkräften und den Eltern durch die Maßnahmen veränderte. Der Evaluationsplan für dieses Vorhaben wurde parallel zum Evaluationsplan für die mathematische Förderung gestaltet. Für die Darstellung der vollständigen Ergebnisse siehe die Literaturhinweise zur wissenschaftlichen Begleitung im Anhang.

Nachfolgend werden lediglich die Ergebnisse vorgestellt, die sich auf die Kinder beziehen. Im Zentrum stehen also folgende Fragen:

- Hat die Frühförderung tatsächlich zu Veränderungen in Denken der Kinder geführt?
- Wie misst man, was sich bei den Kindern verändert?

Wenn man eine Antwort auf diese Fragen sucht, muss man zunächst klären, wie man überhaupt feststellen will, ob es Veränderungen gab. Es gibt dazu bislang noch keine Tests oder etablierte Forschungsinstrumente. Folglich musste ein eigenes Instrument zur standardisierten Einzelbeobachtung von Kindern entwickelt werden.

Erfassung des naturwissenschaftlichen Denkens bei Kindern

Das Ziel der Projektarbeit bestand einerseits darin, das Naturwissen der Kinder zu erweitern, und andererseits darin, das Experimentieren - Hypothesenbilden, Beobachten, Erklärungen finden - zu üben. Also musste das neu entwickelte Instrument beide Aspekte parallel erfassen. Um dies zu ermöglichen, wurden die Kinder einzeln beobachtet, während ein Versuchsleiter mit ihnen verschiedene kleine Experimente durchführte. Jede Einzelbeobachtung dauerte ca. 20 Minuten.

Erfassung des Naturwissens

Die Wissensinhalte, nach denen die Kinder spielerisch gefragt wurden, kreisten um die Themen Luft und Wasser. Sie orientierten sich damit grob an Inhalten der Förderprogramme.

So ging es etwa darum zu überlegen, worin der Unterschied zwischen Mineralwasser und Leitungswasser besteht, was mit Wasser passiert, wenn man es erhitzt oder friert und ob Luft mehr ist als nichts. Weiterhin interessierte, was passiert, wenn man Salz oder Zucker, verschiedene Farben oder Öl in Wasser gibt.

Die Kinder durften mit konkreten Materialen selbst hantieren und wurden gebeten, Vorhersagen zu machen, zu beschreiben, was sie sehen konnten, und zu erklären, warum bestimmte Effekte auftraten. In diesem Zusammenhang stellte die Beobachterin den Kindern insgesamt 51 Fragen zu unterschiedlichen Themen (z.B. „Woran erkennst du...? Wie können wir herausfinden, ob...? Was, meinst du, wird passieren, wenn...?“). Die Antworten der Kinder wurden einmal im Hinblick auf ihr Naturwissen ausgewertet und einmal im Hinblick auf ihr naturwissenschaftliche Denken. Was das konkret bedeutet und worin der Unterschied besteht, wird nachfolgend näher erläutert.“

Naturwissen

Zum einen wurden die Reaktionen auf jede Frage einer der folgenden Antwortkategorien zugewiesen:

- (1) keine Antwort
- (2) thematisch unpassend
- (3) thematisch passend
- (4) korrekt.

Zuckte ein Kind nur mit den Schultern oder reagierte überhaupt nicht auf die Fragen des Versuchsleiters, wurde diese Reaktion mit „(1) keine Antwort“ kodiert.

Thematisch unpassende Antworten (2) waren solche, bei denen das Kind zwar etwas zum Versuchsleiter sagte, dies aber inhaltlich nicht zu der Frage passte.

Thematisch passende Antworten (3) nahmen direkt auf die Ausgangsfrage Bezug, waren jedoch nicht korrekt. Das Kind bemühte sich, eine Antwort zu finden, aber es kannte sie einfach noch nicht.

Als korrekt (4) wurde eine Antwort großzügig kategorisiert, wenn sie Aussagen enthielt, die inhaltlich richtig zur Ausgangsfrage passten. Die Kategorienwerte für jede Antwort eines Kindes (1–4) wurden für alle 51 Fragen zusammengezählt und ergaben so einen groben Gesamtschätzwert für das Naturwissen.

Naturwissenschaftliches Denken

Zum anderen wurde für jede Aussage des Kindes ermittelt, ob es sich um eine der folgenden Leistungen handelte:

- Das Aufstellen einer Hypothese
- Das Testen einer Hypothese
- Eine Beobachtung
- Eine Erklärung
- Eine Transferleistung.

Immer wenn ein Kind eine Antwort gegeben hatte, die einer der genannten Kategorien zugeordnet werden konnte, erhielt es einen Punkt. Für jedes Kind wurden die Punkte, die es auf jede der 51 Frage erhielt, zusammengezählt und auf diese Weise ein grober Gesamtschätzwert für das naturwissenschaftliche Denken ermittelt.

Erste Ergebnisse

Für jedes Kind wurden zwei getrennte Differenzwerte berechnet:

Der erste spiegelte Fortschritte im Naturwissen wider. Dafür wurde der Wert für den Wissensstand vor Beginn der Frühförderung vom Wert des Wissenstandes nach der Frühförderung abgezogen.

Der zweite Differenzwert spiegelte Fortschritte im naturwissenschaftlichen Denken wider. Er wurde auf die gleiche Weise mit den Vorher-Nachher-Werten ermittelt.

Wenn sich das Naturwissen oder das naturwissenschaftliche Denken eines Kindes nicht verändert hatte, ergab sich bei dieser Art der Berechnung ein Differenzwert von Null. Wenn der Wert bei der Ersterhebung größer war als bei der Zweiterhebung, ergab sich ein Differenzwert im Minusbereich, und wenn der sich etwas verbesserte, ergab sich ein Differenzwert im Plusbereich.

Die Ergebnisse einer Gruppe von 72 Kindern, die an der Frühförderung teilgenommen hatten (Lerngruppe), wurde mit den Ergebnissen einer Gruppe von 23 Kindern (Kontrollgruppe) verglichen, die mit demselben Instrument zu denselben Zeitpunkten getestet wurde wie die Lerngruppe und ihr auch sonst vergleichbar war – mit dem einzigen Unterschied, dass sie in der Zwischenzeit keine Frühförderung im naturwissenschaftlichen Bereich, sondern im mathematischen Bereich erhalten hatte.

Während für die Lerngruppe erwartet wurde, dass sie im Wissen und Denken positive Differenzwerte erreichte, sollte die Kontrollgruppe keine Veränderung (und damit Werte um Null) erreichen. Diese Vermutung konnte bestätigt werden. Beide Gruppen unterschieden sich sowohl in ihrem Zuwachs an Naturwissen als auch im Hinblick auf ihre Fortschritte im naturwissenschaftlichen Denken statistisch bedeutsam voneinander.

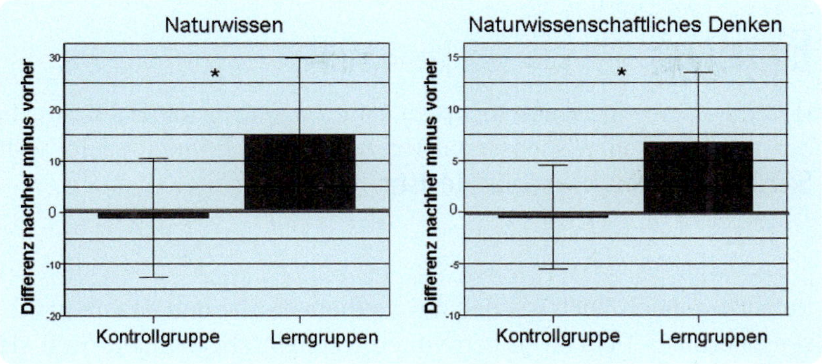

Abb. 6.1: Veränderung des Naturwissens und des naturwissenschaftlichen Denkens im Vergleich zwischen Kontrollgruppe und Lerngruppe.

Zusammenfassung

Ein Vergleich des Naturwissens und des naturwissenschaftlichen Denkens vor und nach der Umsetzung von Frühfördermaßnahmen in der Kindertageseinrichtung hat zeigt, dass Kinder, die eine entsprechende Förderung erhielten, statisch bedeutsame Fortschritte in beiden Bereichen machten. Eine Kontrollgruppe von Kindern, die im selben Zeitraum auf anderem Gebiet gefördert wurden, zeigten keine entsprechenden Veränderungen.

Auch wenn zum gegenwärtigen Zeitpunkt noch nichts über die langfristigen Effekte einer solchen Frühförderung gesagt werden kann, lässt sich schon heute feststellen, dass selbst eine relativ kurze Dauer von zehn Wochen, in denen die Kinder mit Naturphänomenen experimentieren, zu sichtbaren Erfolgen führt. Diese Ergebnisse sollten Fachkräfte in Kindertageseinrichtungen ermutigen, denn sie sprechen eindeutig dafür, dass sich der Einsatz lohnt.

Epilog

Sabina Pauen, Viktoria Herber

Im vorliegenden Buch wurden das mathematische und das naturwissenschaftliche Denken in getrennten Kapiteln abgehandelt, weil sie auch in Forschung und Praxis bislang weitgehend getrennte Bereiche darstellen. Das ist fast schon verwunderlich, wenn man bedenkt, wie oft mit Nachdruck gefordert wird, darauf zu achten, dass Kinder Wissensinhalte nicht isoliert abspeichern, sondern von Anfang an miteinander verknüpfen. Aber wo genau bestehen Verbindungen zwischen beiden Wissensdomänen und wie kann man das Bewusstsein für sol-

Abb. 7.1: Erzieherinnen machen sich bewusst, wie mathematisch-naturwissenschaftliches Denken vernetzt ist.

che Verbindungen schon früh stärken? Am Schluss des Buches wird der Versuch unternommen, erste Antworten auf diese Fragen zu geben. Eine Schlüsselstellung nimmt dabei das Thema „Messen“ ein.

Mit Messinstrumenten experimentieren

Der Umgang mit Messinstrumenten scheint in besonderer Weise geeignet, um eine Brücke zwischen mathematischer und naturwissenschaftlicher Frühförderung zu bauen.

Die Durchführung von Größenvergleichen unter Einbeziehung von Meterstäben wurde bereits bei der praktischen Umsetzung der Förderkonzepte Mathematik beschrieben (→ vgl. Kap. 2.3). Ziffern finden sich auf Linealen, Meterstäben oder -bändern genauso wie auf Messzylindern oder Messbechern zur Bestimmung von Volumina. Sind Kinder häufig mit linearen Skalen konfrontiert, fällt es ihnen leichter, Zahlen bildhaft auf einem Zahlenstrang zu repräsentieren.

Dimensionen der Beschreibung von Naturphänomenen entdecken

Zunächst kann die Untersuchung der Messinstrumente selbst zum spannenden Experimentierfeld werden: Was kann man mit einem Thermometer, einem Meterstab, einer Waage oder einer Uhr eigentlich messen? Indem die Kinder durch Ausprobieren nach der Antwort suchen, lenken sie ihr Interesse automatisch auf wichtige Dimensionen, die für die Beschreibung von Naturphänomenen bedeutsam sind. Besonders faszinierend ist die Erkenntnis, dass man selbst Dinge messen kann, die nicht direkt greifbar sind, z.B. Temperatur und Zeit.

Verschiedene Skalentypen unterscheiden

Beim Vergleich unterschiedlicher Messinstrumente zur Erfassung der gleichen Dimension fällt auf, dass einige Instrumente Zeiger und eine analoge Skala haben, während andere eine Digitalanzeige besitzen. Instrumente mit verschiedenen Anzeigen im Alltag zu suchen, kann eine interessante Aufgabe sein. Einige analoge Skalen sind rund (z.B. bei Armbanduhren), andere halbrund (z.B. bei Waagen) und wieder andere sind linear (z.B. beim Metermaß). Die Kinder entdecken unterschiedliche Skalenformen und werden feststellen, dass sie sich zwar in der Form unterscheiden, aber trotzdem bestimmte Eigenschaften gemeinsam haben. Schließlich sind die Ziffern auf allen Skalen immer in geordneter Weise abgebildet, und diese Ordnung entspricht dem Zahlenstrahl.

Sich durch Messen über Mengen verständigen

Durch die Beobachtung der Bewegung eines Zeigers vor einer Skala lernen Kinder, dass Messungen der Übersetzung von kontinuierlichen Veränderungen in diskrete Zahleneinheiten dienen. Besonders deutlich wird die Flexibilität der Messung, wenn eine Stoppuhr und eine Sanduhr gleichzeitig laufen. Beide messen die Zeit – in einem Fall rinnen die Sandkörner kontinuierlich, im anderen Fall tickt der Zeiger diskontinuierlich. Man spricht von Sekunden, Minuten oder Stunden einer bestimmten Anzahl, um einen kontinuierlichen Zeitverlauf zu beschreiben.

Weiterhin stellen Kinder beim Messen fest, dass die Einheiten, in denen sie etwas messen, variieren können, obwohl die Menge, die sie messen, dieselbe bleibt. So kann man beispielsweise eine vorgegebene Menge Mehl beschreiben, indem man eine bestimmte Anzahl von Tassen davon verwendet, indem man einen Messbecher bis zu einer bestimmten Mengenangabe auf der Skala füllt, oder indem man eine Küchenwaage benutzt.

Durch Erfahrungen der beschriebenen Art gewinnen die Kinder ein Gefühl dafür, dass Messungen etwas mit Konventionen zu tun haben. Wenn sie die Gelegenheit haben, verschiedene Messverfahren parallel auszuprobieren oder sogar eigene Messverfahren zu entwickeln, fällt es ihnen später leichter, auf diese Erfahrungen zurückzugreifen, um umfassender zu verstehen, was Messen eigentlich bedeutet.

Die Brückenfunktion des Messens wahrnehmen

Messinstrumente in den Spielalltag von Kindern zu integrieren, fördert also einerseits die numerische Bewusstheit, weil die meisten Messinstrumente Zahlenskalen aufweisen. Gleichzeitig sensibilisiert es die Kinder dafür, zu erkennen, dass Messinstrumente nützlich sind, um wichtige Aspekte der Natur genau zu beschreiben. Man kann sich leichter über Veränderungen im Rahmen von Naturphänomenen oder Experimenten verständigen, wenn man Zahlen ins Spiel bringt.

Das Messen bietet folglich eine ideale Brücke, um die Mathematik mit naturwissenschaftlichen Beobachtungen zu verknüpfen. Dabei handelt es sich um eine Tätigkeit, die das Denken auf beiden Gebieten gleichzeitig unterstützt: Kinder werden mehr Spaß am Umgang mit Zahlen entwickeln, wenn Aktivitäten des Messens in praktische Experimente eingebunden sind. Umgekehrt werden sie mehr Spaß am genauen Beobachten haben, wenn Messinstrumente im Spiel sind, die das eigene Feststellen von Veränderungen anzeigen.

Das Messen in den Alltag der Kindertageseinrichtung integrieren

Um die Verknüpfung zwischen der Welt der Mathematik und Naturphänomenen deutlich zu machen, brauchen Erzieherinnen nicht viel tun. Zunächst genügt es einfach, Messinstrumente unterschiedlicher Art an einem Lernort zur Verfügung zu stellen. Wenn Kinder dann von allein anfangen, sich für die Instrumente zu interessieren, kann man ihre Eigenschaften gemeinsam erforschen. Die Experten unter den Kindern werden ihre Messkenntnisse dann im Rahmen von Experimenten einbringen. Ob in der Kaufladenecke, in der Wasserwerkstatt oder in der Küche – überall lässt sich die Verwendung von Messinstrumenten sinnvoll integrieren.

Schlussbemerkungen

Die bisherigen Ausführungen haben deutlich gemacht, dass es sich bei der mathematisch-naturwissenschaftlichen Bildung um ein Feld voller Dynamik und neuer Entwicklungsmöglichkeiten handelt. Es gibt keine fest abgesteckten Wissensinhalte, die abgeklärte Erwachsene naiven Kindern vermitteln sollen. Vielmehr besteht die größte Herausforderung für Erwachsene und Kinder gleichermaßen darin, sich für neue Denkmöglichkeiten zu öffnen, aufmerksam zu beobachten, Erfahrungen zu sortieren, Dinge auszuprobieren und Erkenntnisse mit anderen zu besprechen. Damit erhalten diejenigen, die Mathematik oder naturwissenschaftliche Fächer als Schüler nur abschreckend erlebt haben, im Spiel mit Kindern die Chance, eine neue Perspektive auf diese Bereiche zu gewinnen.

Das mathematisch-naturwissenschaftliche Denken in der Kindertageseinrichtung zu fördern, ist ein aufregendes Experiment. Es gibt viel zu erfahren und zu lernen - nicht nur für die Kinder. Wenn Erzieherinnen im Umgang mit dieser Herausforderung die gleiche Neugier und Offenheit mitbringen wie die Kinder, werden alle zusammen spannende Entdeckungen machen.

V Anhang

Checklisten: Lernorte einrichten

Die Lernwerkstätte

- Ein heller Raum mit viel Tageslicht ist gut geeignet.
- Ein Wasch- oder Spülbecken in diesem Raum ist von Vorteil.
- Eine klare Trennung der verschiedenen Lernbereiche durch Raumteiler muss gegeben sein.
- Die Materialien sollten in offenen Regalen angeboten/gelagert werden.
- Die Kinder sollten in verschiedenen Positionen und Höhen arbeiten können: sitzend am Tisch, stehend, liegend auf dem Teppich.
- Die Lernwerkstätte sollte durch eine entsprechende Dekoration sofort zu erkennen sein, z.B. durch Fotos eines Chemielabors oder durch das Portrait eines sehr bekannten Naturwissenschaftlers wie Albert Einstein.

Überlegungen im Vorfeld:

- Für welche Aktivitäten wurde dieser Raum bisher genutzt? Können wir darauf verzichten?
- Zielgruppe der Lernwerkstätte: alle Altersgruppen oder nur die Großen?
- Soll die Lernwerkstätte täglich geöffnet sein?
- Kann die Lernwerkstätte täglich durch eine Erzieherin betreut werden?
- Wie viele Kinder können gleichzeitig in der Lernwerkstätte sein?

Die Forscherecke im Gruppenraum

- Die Mathematik- oder Experimentierecke wird in den Gruppenraum integriert.
- Bevor etwas verändert wird, ist es wichtig, über gezielte Beobachtungen zu klären, welche Angebote im Gruppenraum von den Kindern sehr gut genutzt werden und welche eher nicht. Die Kinder sollten in die Auswahl der Lernangebote, die in der Forschecke ihren Platz finden, eingebunden werden.

Voraussetzungen, die eine Forscherecke erfüllen sollte:

- Genügend Tageslicht sollte vorhanden sein.
- Es ist eine Trennung vom übrigen Gruppenraum durch Raumteiler möglich.
- Ein offenes Regal für Experimentiermaterial sollte zur Verfügung gestellt werden.
- Die Kinder sollten in verschiedenen Positionen arbeiten können.
- Dekoration macht den Inhalt der Forscherecke deutlich (z.B. Fotos von einem Chemielabor oder einem Portrait eines sehr bekannten Naturwissenschaftlers wie Albert Einstein).

Mobiles Forschungslabor

- Gibt es keinen Ausweichraum und alle Gruppenräume sind vollständig belegt, so lohnt sich die Arbeit mit einem mobilen Forschungslabor.
- Hierfür sind Rollregale besonders geeignet.
- Die Materialien werden in Kisten und Körben untergebracht.
- Es werden Rollregale für das Arbeitsmaterial angeschafft, die flexibel eingesetzt werden können.
- Für das Rollregale oder die Rollregale wird ein Platz in der Kindertageseinrichtung gesucht. Möglichkeiten bietet z.B. ein Abstellraum oder der Personalraum.
- An Aktionstagen wird das Rollregal zum entsprechenden Einsatzort – z.B. vormittags in den Schlafraum der Kindertageseinrichtung oder in einen anderen Gruppenraum gerollt, wenn dieser gerade frei ist.

Detaillierte Informationen zu Eltern-Kind-Forschertagen

Am besten finden Eltern-Kind-Forschertage in den warmen Sommermonaten statt. Damit alle eine interessante vierstündige Entdeckungs- und Erlebnisreise durch die Welt der Naturwissenschaften erleben können, müssen bei der Planung räumliche, personelle, finanzielle und inhaltliche Aspekte berücksichtigt werden.

Räumlichkeiten

Außer dem Anmeldebereich müssen große Räumlichkeiten wie ein Foyer, mehrere Räume oder große Flächen im Hof zur Verfügung stehen. Idealerweise besteht die Möglichkeit sowohl das Außengelände als auch den Innenbereich zu nutzen. Im Außengelände finden Stationen zum Experimentieren ihren Platz. Filme und Vorträge über naturwissenschaftliche Förderung sowie Stationen, die längeres konzentriertes Arbeiten erfordern, platziert man besser im Innenbereich. Es ist darauf zu achten, dass Getränke und ein kleiner Snack in einem gesonderten Raum eingenommen werden können.

Veranstaltungsangebote

Zu Beginn der Veranstaltung werden die Teilnehmer begrüßt und mit dem Ablauf des Programms vertraut gemacht. Zur Orientierung dient ein Plan, auf dem Stationen und die Themen der Vorträge abgebildet sind. Außerdem gibt es pro Familie eine Forscherkarte, auf der die besuchten Stationen abgestempelt werden.

Es sollten ca. zehn betreute Experimentierstationen zur Verfügung stehen, daneben jedoch auch ca. fünf Stationen, die zum freien Experimentieren anregen.

Besonders große Bedeutung haben theoretische Impulse zur naturwissenschaftlichen Frühförderung, die z.B. zu jeder vollen Stunde gegeben werden. Wichtig sind auch thematische Filme, die beispielsweise in der Zeit zwischen den Experimenten gezeigt werden.

Personeller und finanzieller Aufwand

Neben dem Personal, das die Stationen betreut, werden Verbrauchsmaterialien benötigt.

Druck- und Papierkosten sollten überschaubar bleiben, da nur Ablaufpläne, Forscherkarten und evtl. eine Urkunde für die Kinder gedruckt werden.

Der Aufwand für die Verpflegung beschränkt sich in der Regel auf Getränke (Wasser, Schorle, Kaffee) und einen Imbiss, der jedoch auch von Eltern mitgebracht werden kann.

Inhaltliche Gestaltung

Der wesentliche Teil der Entdeckungsreise besteht aus Experimentierstationen, an denen die Eltern mit den Kindern gemeinsam forschen können. Kompetente Betreuerinnen stehen den Forscher-Teams zur Seite.

Die Anzahl der Stationen hängt von den teilnehmenden Familien ab. Die Stationen spiegeln die Interessen der Kinder wider und unterscheiden sich thematisch.

Beispielstationen

Auf der Suche nach einem Regenbogen

Das Experiment eignet sich für eine Experimentierstation zum Thema die faszinierende Kraft des Wassers.

Materialien
- *Taschenlampe*
- *Rechteckige Schale*
- *Spiegel*
- *Weißer Karton*
- *Wasser*

Fülle die Schale mit Wasser. Tauche den Spiegel hinein und lehne ihn leicht schräg gegen die Schale. Richte den Strahl der Taschenlampe so aus, dass er den Teil des Spiegels trifft, der unter Wasser ist. Halte den Karton vor den Spiegel, um das reflektierte Licht aufzufangen.

Was passiert? Auf dem Karton erscheint ein Bild in den Farben des Regensbogens.

Die Vitamin-Rakete

Materialien
- *Leeres Röhrchen von Vitaminbrausetabletten*
- *Brausetablette*
- *Wasser*

Eine weitere Experimentierstation mit dem Titel „Raketenwettbewerb“ ermöglicht es den Familien spielerisch, die Eigenschaften von Luft kennenzulernen und experimentell zu erforschen. Der folgende Versuch verdeutlicht dies.

Fülle das Röhrchen mit Wasser und löse die Tablette darin auf.

Was passiert? Das Röhrchen saust wie eine Rakete in die Luft, weil Wasser und eine Brausetablette miteinander reagieren. Essig und Natron eignen sich übrigens auch gut für diesen Versuch.

Zuerst wird darüber gesprochen, ob und wie hoch die Rakete steigt. Hypothesen werden aufgestellt. Einige meinen, dass viel Wasser und nur eine halbe Tablette genommen werden sollen, andere sind der festen Überzeugung, dass die Rakete mit weniger Wasser viel höher steigt.

Erst nach dem Aufstellen der Hypothesen wird das Experiment variiert. Überprüft wird, ob bei der Veränderung der Menge von Wasser und Brausetabletten in dem Röhrchen (unabhängige Variable) die Rakete höher – und eventuell schneller – steigt (abhängige Variable).

Eine Scheibe voller Farbe

Materialien
- *Weißer Karton*
- *Kurzer, sehr spitzer Bleistift*
- *Winkelmesser*
- *Farbstifte (rot, orange, gelb, grün, hellblau, dunkelblau und violett)*
- *Zirkel, Schere*

Dieses Experiment eignet sich für eine physikalische Forscherstation zum Thema Farben.

Zeichne mit dem Zirkel einen Kreis von zehn Zentimetern Durchmesser auf dem Karton. Unterteile den Kreis mithilfe des Winkelmessers in sieben gleich große Segmente. Jeder Winkel muss 51 groß sein. Male jedes Segment in einer der oben genannten Farben an. Bohre mit der Schere ein Loch in die Mitte der Scheibe und stecke den Bleistift mit der Spitze nach unten hindurch. Drehe jetzt die Scheibe schnell, als wäre sie ein Kreisel.

Was passiert? Während der Drehung kann man die Farben nicht mehr voneinander unterscheiden. Die ganze Scheibe scheint weiß zu sein. Die Mischung der sieben Farben in Verbindung mit einer schnellen Drehung erzeugt einen weißlichen Ton. Dies geschieht, weil die Zapfentypen unserer Netzhaut gleichzeitig angeregt werden.

Ergebnisse

Durch die Diskussion, die zwischen Kindern und Eltern, aber auch zwischen Familien entsteht, werden Überlegungen und Ergebnisse überhaupt erst präsent. Kinder fühlen sich wertgeschätzt und verstanden. Sie können sogar an der einen oder anderen Stelle ihre eigene Kompetenz zeigen und die gewohnten Denkmuster der Eltern durchbrechen. Es findet ein aktiver Lehr-Lern-Prozess statt.

Durch einen geschickten Aufbau der Stationen wächst auch die Neugier der Eltern: Sie beginnen bei den betreuten Stationen mit alltäglichen Versuchen und wandern zu den Stationen, an denen sie mit vorbereiteten Materialien und beschriebenen Fragestellungen die selbst aufgestellten Hypothesen experimentell überprüfen können.

Checkliste

Damit ein Eltern-Kind-Forschertag zu einem besonderen Erlebnis wird, ist es sinnvoll, wichtige Fragen im Vorfeld zu klären:

- Wie viele Familien nehmen teil?
- Welche Räumlichkeiten und welches Außengelände stehen für die Stationen zur Verfügung?
- Wie viele betreute Stationen/Stationen zum freien Experimentieren soll es geben?
- Wer betreut die Stationen? Wer besorgt Material? Wer erstellt die Beschreibungen zu den Stationen?
- Wer hilft bei der Planung und Umsetzung?

- Welche Botschaften wollen wir den Eltern vermitteln? Sind Impulsreferate zum Thema naturwissenschaftliche Frühförderung geplant?
- Wer organisiert die Verpflegung? Wer bringt etwas mit?
- Wer erstellt den Ablaufplan und die Forscherkarten zur Orientierung?
- Wer wird die Familien begrüßen?
- Soll die Aktion im Stadtteil transparent gemacht werden? Sollen die Presse und naheliegende Einrichtungen (Schulen, Vereine, etc.) eingeladen werden?

Evaluationsdesign der Wissenschaftlichen Begleitung

Sabina Pauen

Das Evaluationsdesign schloss folgende Aspekte mit ein:

- Forbildungsevaluation durch Erzieherinnen
- Selbsteinschätzung der Kita-Fachkräfte bezüglich ihrer Fachkompetenz, -motivation und didaktischen Fähigkeiten im Bereich der mathematischen bzw. der naturwissenschaftlichen Bildung
- Einstellung zu Bildungsprozessen in der Kita seitens der Kita-Fachkräfte vor und nach der Fortbildung und Umsetzung
- Wochendokumentation der Kita-Aktivitäten durch Kita-Fachkräfte während der Umsetzung
- Bestandsaufnahme der Kita-Ausstattung durch externe Kräfte
- Einzelbeobachtungen mit Kindern – Ausgangssituation und Lernzuwachs
- Teilnehmende Beobachtung in der Kita durch externe Kräfte, die Erzieherinnen bei der Umsetzung von Fördermaßnahmen beobachten
- Veränderung der Selbsteinschätzung und Einstellung zu Bildungsprozessen bei den Kita-Fachkräften
- Elterninterviews

Detaillierte Informationen zu den Ergebnissen der Evaluation stehen ab 2010 auf der webpage unserer Abteilung zur Verfügung (www.psychologie.uni-heidelberg.de/ae/entw/index.htm). Die Erhebungsinstrumente können auf Anfrage ebenfalls zur Verfügung gestellt werden.

Zehn-Wochenplan für mathe-2000-Aktivitäten

Erich Ch. Wittmann

Woche	Ziele	Themen
1	■ Vorwärts und rückwärts zählen bis zwölf ■ Kleine Anzahlen bis sechs und sicheres Benennen der Würfelbilder	■ Lied „Ich kann zählen" ■ Würfelspiel „Voll besetzt"
2	Erweiterung der Zahlenreihe	Würfelspiel „Räuber und Goldschatz"
3	■ Argumentieren mit Zahlen ■ Schulung des logischen Denkens	■ Denkspiel „Rot gegen Blau" bis zehn ■ Denkspiel „Enge Straße"
4	■ Argumentieren mit Zahlen ■ Idee des Koordinatensystems	■ Denkspiel „Rot gegen Blau" bis zwölf ■ Würfelspiel „Möhren schnappen"
5	Anzahlen bestimmen	Würfelspiel „Zahlen im Park"
6	Zahlen in der Umwelt bewusst wahrnehmen	■ „Zahlen überall" ■ Zahlbilder sammeln und fotografieren
7	Strukturierte Erfassung kleiner Anzahlen	Spiele mit den Tierkarten ■ „Versteckt – entdeckt" ■ „Passende Pärchen"
8	■ Strukturierte Erfassung kleiner Anzahlen ■ Schulung des logischen Denkens	Spiele mit den Tierkarten ■ „Karte an Karte" ■ Denkspiel „Klettern"
9	Zahlenmuster	Muster aus roten und blauen Plättchen legen
10	■ Kennenlernen der Münzen ■ Erfahrungen zur Symmetrie sammeln	■ Besprechung der Cent Münzen, Münzenspiel „Alles oder nichts" ■ Symmetriespiel „Bau genau"

Literatur

Literaturhinweise und Internetseiten zur Theorie

Entwicklungspsychologische Grundlagen des mathematischen Denkens:

Baroody, A. J., Lai, M.-l., Mix, K. S. (2006): The development of young children‘s early number and operation sense and its implications for early childhood education. In: Spodek, B., Saracho, O. N. (Hg.): Handbook of research on the education of young children. 2nd ed. Mahwah. P. 187–221.

Bisanz, J., Sherman, J. L., Rasmussen, C., Ho, E., Campbell, J. I. D. (2005): Development of arithmetic skills and knowledge in preschool children. In: Handbook of mathematical cognition. New York. P. 143–162.

Clements, D., Sarama, J., DiBiase, A. M. (Hg.). (2004): Engaging young children in mathematics: Standards for early childhood mathematics education. Mahwah.

Ginsburg, H. P., Cannon, J., Eisenband, J., Pappas, S. (2006): Mathematical thinking and learning. In: McCartney, K., Phillips, D. (Hg.): Blackwell handbook of early childhood development. Malden. P. 208–229.

Ramani, G. B., Siegler, R. S. (2008): Promoting broad and stable improvements in low-income children‘s numerical knowledge through playing number board games. Child Development. 79(2). P. 375–394.

Pahnke, J., Pauen, S. (2008): Entwicklung und Förderung des mathematisch- naturwissenschaftlichen Denkens in der frühen Kindheit. (http://www.psychologie.uni-heidelberg.de/ae/entw/inhalt/forschung_projekte_einstein.htm, 02.04.2009)

Entwicklungspsychologische Grundlagen des naturwissenschaftlichen Denkens:

Carey, S. (2000): Science education as conceptual change. Journal of Applied Developmental Psychology. 21(1). P. 13-19.

Gopnik, A., Kuhl, P. K., Meltzoff, A. N. (2000): Forschergeist in Windeln: Wie Ihr Kind die Welt begreift. Kreuzlingen.

Goswami, U. (2001): So denken Kinder: Einführung in die Psychologie der kognitiven Entwicklung. Bern.

Krist, H., Fieberg, E. L., Wilkening, F. (1993): Intuitive physics in action and judgment: The development of knowledge about projectile motion. Journal of Experimental Psychology: Learning, Memory, and Cognition. 19(4). P. 952–966.

Kuhn, D. (1989): Children and adults as intuitive scientists. Psychological Review. 96(4). P. 674-689.

Lück, G. (2004): Naturwissenschaften im frühen Kindesalter. In: Fthenakis W. E., Oberhuemer, P. (Hg.): Frühpädagogik international: Bildungsqualität im Blickpunkt. Wiesbaden. S. 331-344.

Pahnke, J., Pauen, S. (2008): Entwicklung und Förderung des mathematisch- naturwissenschaftlichen Denkens in der frühen Kindheit. (http://www.psychologie.uni-heidelberg.de/ae/entw/inhalt/forschung_projekte_einstein.htm. 02.04.2009)

Pauen, S. (2004): Zeitfenster der Gehirn- und Verhaltensentwicklung: Modethema oder Klassiker? Zeitschrift für Pädagogik. 50(4).
Pauen, S. (2006): Was Babys denken: Eine Geschichte des ersten Lebensjahres. München.
Piaget, J. (1969): Das Erwachen der Intelligenz beim Kinde. Stuttgart.
Sodian, B. (2008): Entwicklung des Denkens. In: Oerter, R., Montada, L. (Hg.): Entwicklungspsychologie. 6. ed. Weinheim. S. 436–479.
Spelke, E. S. (1991): Physical knowledge in infancy: Reflections on Piaget's theory. In: Carey, S., Gelman, R. (Hg.): The epigenesis of mind: Essays on biology and cognition. Hillsdale. S. 133–169.
Spelke, E. S. (1994): Initial knowledge: Six suggestions. Cognition. 50(1). P. 431–445.
Wygotski, L. S. (1964): Denken und Sprechen. Berlin. (Originalarbeit erschienen 1934).

Literaturhinweise, Materialien und Internetseiten zur Praxis

Komm mit ins Zahlenland:

www.ifvl.de
Bezugsquelle für Materialien: www.wehrfritz.de

Friedrich, G., Galgóczy, V. de (2008): Komm mit ins Zahlenland. Eine spielerische Entdeckungsreise in die Welt der Mathematik. Mit Liederheft und CD. Stuttgart.
Friedrich, G., Galgóczy, V. de (2008): „Komm mit ins Zahlenland". Das Spiel zum Buch. IQ-Spiele. Icking.
Friedrich, G., Galgóczy, V. de, Schindelhauer, B. (2008): Zahlen und Ziffern mit PeP. Freiburg.
Friedrich, G., Bordihn, A. (2003): So geht's – Spaß mit Zahlen und Mathematik im Kindergarten. Sonderheft der Zeitschrift »kindergarten heute«. Freiburg.

mathe-2000-Konzept:

www.mathematik.uni-dortmund.de/ieem/mathe2000/neu.html

Feynman, R. P. (1968): The Physics Teacher vol. 7 No. 6, 313–320
Wittmann, E. Ch., Müller, G. N. (2009): Das Zahlenbuch. Handbuch zum Frühförderprogramm. Leipzig.
Wittmann, E. Ch., Müller, G. N. (2009): Das Zahlenbuch. Spiele für die Frühförderung. Teil 1 und 2. Leipzig.
Wittmann, E. Ch., Müller, G. N. (2009): Das Zahlenbuch. Malheft für die Frühförderung. Teil 1 und 2. Leipzig.
Müller, G. N., Wittmann, E. Ch. (2002, 2003): Das kleine Zahlenbuch, Band 1 und 2. Seelze.
Müller, G. N., Wittmann, E. Ch. (2006, 2007): das kleine Formenbuch, Band 1 und 2. Seelze.
Müller, G. N., Wittmann, E. Ch. (2008): Das kleine Denkspielbuch. Seelze.

Weiterführende Fachliteratur Mathematik:

Friedrich, G., Munz, H. (2006): Förderung schulischer Vorläuferfähigkeiten durch das didaktische Konzept „Komm mit ins Zahlenland“. In: Psychologie in Erziehung und Unterricht. Vol. 53. München und Basel. S. 134–146.

Friedrich, G. (2006): Das Zahlenland – Mathematik spielerisch lernen im Vorschulalter. In: Textor, Martin R. (Hg.): Kindergartenpädagogik Online Handbuch.

Friedrich, G. (2006): Wenn Kinder ihre Nerven bündeln. Lernen im Zahlenland. In: Textor, Martin R. (Hg.): Kindergartenpädagogik Online Handbuch.

Friedrich, G., Munz, H. (2004): Zum Projekt „Komm mit ins Zahlenland“. In: Textor, Martin R. (Hg.): Kindergartenpädagogik Online Handbuch.

Experimentier-Werkstatt:

www.pitbruessel.de

Brüssel, P. (2006): Professor Kleinsteins Experimentier – Werkstatt für Kinder. Münster.

Science Lab – Das Wissenschaftslabor:

www.science-lab.de

Stuchtey, S. (2008): Das große Forscherbuch für Kinder. Würzburg.

Astronomie-Förderkonzept:

www.astronomieschule.org

Scorza, C., Liebers. A. (2004): Geschichten, die der Himmel erzählt. Heidelberg.

R. Kippenhahn (2004): Das Geheimnis des großen Bären. Reinbek.

„Unser Platz im Universum“; Bezug kostenlos über www.astronomieschule.org

Physik-Förderkonzept:

Gondolino Verlag (2004): Das große Buch der Experimente. Über 200 spannende Versuche, die klüger machen.

Hecker, J. (2006): Der Kinder Brockhaus. Experimente: Den Naturwissenschaften auf der Spur. Mannheim.

Moses Verlag (2006, 8. Aufl.): 365 Experimente für jeden Tag.

Weiterführende Fachliteratur Naturwissenschaften:

Hentig, H. von (2003): Die Schule neu denken. Eine Übung in pädagogischer Vernunft. Weinheim.

Lück, G. (2003): Handbuch der naturwissenschaftlichen Bildung. Freiburg.

Ullrich, W., Brockschneider, F. J. (2001): Reggio Pädagogik im Kindergarten. Freiburg.

Spitzer, M. (2007): Lernen – Gehirnforschung und die Schule des Lebens. München.

Kerrod, R., Holgate, S. A. (2002): Naturwissenschaft. München.

Einstein-Projekt:

Herber, V. (2008): Frühförderung trifft Erwachsenenbildung. Zeitschrift EB Erwachsenenbildung. 54(4).

Herber, V. (2009): Handreichungen des Projekts „Vom Klein-Sein zum Einstein“ und weiterführende Informationen. (http://www.einstein.offensive-bildung.de. 02.04.2009).

Henneberg, R., u.a. (2004) (Hg.): Mit Kindern leben, lernen, forschen und arbeiten. Seelze.

Herber, V., Kruspel, C. (2007): Konzeption der Forscherräume in Bildungseinrichtungen. (http://www.einstein.offensive-bildung.de. 02.04.2009).

Growther, I. (2005): Im Kindergarten kreativ und effektiv lernen - auf die Umgebung kommt es an. Weinheim und Basel.

Herber, V. (2009): Coaching für Leitungen der Bildungseinrichtungen. Im Druck.

Bernardo, E. (2007) (Hg.): Kompetente Erziehung Zwischen Anleitung und Selbstbildung. Weimar und Berlin.

Fthenakis, W. E., Eitel, A. (2008) (Hg.): Natur-Wissen schaffen. Troisdorf.

Herber, V. (ab 2010): Nachhaltigkeitskonzept für die Frühförderung des mathematischen und naturwissenschaftlichen Denkens in den Kindertagesstätten. (http://einstein.offensive-bildung.de. 02.02.2009).

Herber, V. (Hg.) (2010): Best Practice für die Praxis. Mathematisch-naturwissenschaftliche Bildung für Kinder, Eltern und KiTas. Informationen unter vherber@gmail.com. (http://einstein.offensive-bildung.de. 02.04.2009).

Literatur zur wissenschaftlichen Begleitung:

Pauen, S. (ab 2010): Instrumente zur Evaluation von Förderkonzepten für die mathematisch-naturwissenschaftlichen Bildung in der Kita (http://www.psychologie.uni-heidelberg.de/ae/entw/inhalt/forschung_projekte_einstein.htm

Danksagung

Wir danken allen am Projekt *Vom Klein-Sein zum Einstein* beteiligten Kindertageseinrichtungen in Ludwigshafen für engagierte Zusammenarbeit. Ohne sie wäre dieses Buch nicht geschrieben worden.

- **Die beteiligten Einrichtungen Februar 2006 bis Dezember 2007:** Kath. Kindergarten Christ König, Kath. Kindergarten St. Maria, Kath. Kindergarten St. Hedwig, Kath. Kindergarten St. Sebastian I, Prot. Kindertagesstätte Lukaskirche, Prot. Kindertagesstätte Orangeriestraße, Prot. Kindergarten Regenbogenland, Prot. Kindergarten Kibitop, Kindertagesstätte Heinigstraße, Kindertagesstätte Süd, Kindertagesstätte Edigheim, Kindertagesstätte Brückweg, LU-Rheingönheim
- **Die beteiligten Einrichtungen Januar 2007 bis Dezember 2008:** Kath. Kindergarten Maria Königin, Kath. Kindergarten St. Josef, Kath. Kindergarten St. Gallus I, Kath. Kindertagesstätte Arche Noah - KTS St. Gallus, Prot. Kindergarten Johanneskäfer, Prot. Kindergarten Regenbogen, Prot. Kindergarten Arche Noah, Prot. Kindergarten Nord Friedenskirche, Kinderhaus Wolfsgrube, Kindertagesstätte Marienstraße, Kindertagesstätte Hemshof, Kindertagesstätte Ernst-Reuter-Siedlung
- **Die beteiligten Einrichtungen Januar 2008 bis Dezember 2009:** Kath. Kindergarten St. Michael, Kath. Kindergarten St. Bonifaz, Kath. Kindergarten St. Martin II, Kath. Kindergarten St. Sebastian II, Prot. Kindertagesstätte Altrip, Prot. Kindergarten Pauluskirche, Prot. Kindertagesstätte Weissenburgerstraße, Louise-Schepler Kindergarten, Kindertagesstätte Blücherstraße, Kindertagesstätte Mitte, Kinderhaus am Ebertpark, Kecke Spatzen
- **Die beteiligten Einrichtungen Januar 2009 bis Dezember 2009:** Kath. Kindergarten Herz Jesu, Kath. Kindergarten St. Joseph, Kath. Kindergarten Heilig Kreuz, Kath. Kindergarten St. Dreifaltigkeit, Prot. Kindergarten Käthe-Kollwitz, Kindertagesstätte Maudach, Horteinrichtung Grimmburg.

Herausgeberinnen

Sabina Pauen, studierte Psychologie, Philosophie und Physik. Anschließend Forschungsarbeit zum Thema Jugendentwicklung und Drogen an der Universität Gießen. 1992 Promotion an der Universität Franfurt zum Thema: Intuitive Physik im Grundschulalter. 1993 Postdoc Forschung an der Cornell-University in Ithaca (NY). 1994-1999: Hochschulassistentin an der Universität Tübingen und abschließend Habilitation zum Thema Denkentwicklung bei Kleinkindern. 1999-2001: Leiterin des Diagnostik-Interventions- und Evaluationszentrums an der Universität Magdeburg. Seit 2002 Inhaberin des Lehrstuhls Entwicklungspsychologie und Biologische Psychologie am Psychologischen Institut in Heidelberg. Forschungsschwerpunkte: Gehirn- und Denkentwicklung in der frühen Kindheit. Kontakt: sabina.pauen@psychologie.uni-heidelberg.de

Viktoria Herber, studierte Entwicklungspsychologie, A&O und Pädagogik. Studien zu Potenzialentwicklung und Crosskulturellen Unterschieden der Eltern-Kind-Beziehung. In einer Familienberatungsstelle arbeitete sie mit familientherapeutischen, diagnostischen und systemischen Schwerpunkten. Entwickelte Kommunikations- und Kreativitätstrainings für Jugendliche und Instrumente zur Diagnostik der kognitiven und psychosozialen Entwicklung der Kinder. In der HR Personal- und Organisationsentwicklung arbeitete sie mit Schwerpunkten: Führungskräfteworkshops, Leadership, Mitarbeiterführung und Strategieentwicklung. Ausbildung zum systemischen und Business Coach (ECA, ICI). Beratung und Coaching in den Bereichen Entwicklungs-/ Veränderungsmanagement, Visions- und Strategieentwicklung, Werte, Interkulturelles, Erwachsenenbildung und Frühförderung. Seit 2005 Leitung des Projektes „Vom Klein-Sein zum Einstein“ in Ludwigshafen. Kontakt: vherber@gmail.com